Maria Hunter-Marx

DIE BREMER MUSIKANTENBANDE

März 2023

Maria Hunter-Marx

DIE BREMER MUSIKANTENBANDE

Verlag Neuer Weg
in der Mediengruppe Neuer Weg GmbH
Alte Bottroper Str. 42
45356 Essen
verlag@neuerweg.de
www.neuerweg.de

Zeichnungen: Maria Hunter-Marx

Gesamtherstellung:
Mediengruppe Neuer Weg GmbH

ISBN 978-3-88021-652-5
ISBN eBook 978-3-88021-653-2

Maria Hunter-Marx

DIE BREMER MUSIKANTENBANDE

Verlag Neuer Weg

INHALTSVERZEICHNIS

„DU kannst alles lernen.“

Mama

VORWORT

Moin!

Das Märchen „Die Bremer Stadtmusikanten" ist in der ganzen Welt bekannt. Es erschien erstmals in der 2. Auflage der *„Kinder- und Hausmärchen"* von Jacob und Wilhelm Grimm im Jahre 1819.

Nicht nur zum 200. Geburtstag wollen Touristen die Statue von Bremens bekanntesten Stadtmusikanten sehen und sich mit ihr fotografieren lassen. Nicht wenige von ihnen sind dann enttäuscht von der fast mickrigen und ziemlich unspektakulären Figur auf dem zu hohen Sockel. Sie steht versteckt am Rande des Bremer Rathauses. Geschmäcker sind zwar bekanntlich verschieden, so viel ist klar. Aber sicher hat noch niemand dieses Andenken als überkandidelt bezeichnet.

Doch als vor einiger Zeit Buchstaben in die Schnauze des Esels geritzt worden waren und kurze Zeit später die Figur in grellen Farben angesprüht worden war, empfanden viele Bremer einen Stich ins Herz. Wer das war, den wollte man orntlich auf'n Pott setzen und klar machen, dass diese Statue von jedem Vandalismus ausgenommen sein müsse!

Auch wenn es manchmal Gemecker über sie gibt, so wird die Statue doch von echten Bremern sehr wertgeschätzt. Man ist ja selbst auch nicht perfekt oder überkandidelt. Aber über die Bremer Stadtmusikanten – da geht nichts drüber! Sie gehören zur Identität Bremens so wie Pizza und Pasta zu Italien.

Doch worum geht es denn eigentlich bei den Bremer Stadtmusikanten? Machen wir einen kleinen Abstecher in die Geschichte Bremens:

Esel, Hund, Katze und Hahn sind unterschiedlicher Art und Herkunft, erleben jedoch das gleiche Schicksal. Jahrelang haben sie schwer geschuftet. Jetzt sind sie alt, nicht mehr so stark oder schnell. Deswegen sind sie ihren Haltern nicht mehr nützlich genug und sollen verjagt oder sogar getötet werden. Nicht mehr gebraucht zu werden und nicht zu wissen, wie man sich und vielleicht auch noch die Familie ernähren soll – dieses schreckliche Gefühl kann jeder nachempfinden, der Angst um seinen Arbeitsplatz hat oder schon mal hatte, der zum Beispiel alt oder krank geworden ist. Aber haben nicht alle, die eine solche Lebensleistung vollbracht haben, Respekt und Würde verdient?

Die vier Tiere treffen sich nacheinander in der Geschichte. Sie lernen sich eher zufällig kennen und beschließen, gemeinsam zu fliehen und als Bremer Stadtmusikanten nach Bremen zu gehen. Diese spontane Offenheit mag manchen überraschen, denn echte Bremer wirken auf Fremde eher abweisend und kühl. Doch in Bremen weiß man: Mit wem man ein Schicksal teilt und Freundschaft schließt – diese Bindung besteht ein Leben lang. Bremer sind treu. Auf ihrem Weg nach Bremen müssen die vier Tiere im Wald übernachten und entdecken dort ein Räuberhaus. Natürlich muss es ein Räuberhaus sein, denn die einfachen und ehrlichen Bremer hassen Ungerechtigkeit wie die Pest und wollen sich gerne wie Robin Hood fühlen und handeln. (Natürlich gibt es auch in Bremen „schwarze Schafe", Räuber und Bosse – ihr werdet sie noch kennen lernen ...)

In der berühmten Pose, aufeinander gestellt und mit lautem „Gesang" aus den verschiedenen Tierlauten, erschrecken und verjagen die Bremer Stadtmusikanten die Räuber. Anschließend verschlingen sie deren Essen und übernehmen kurzerhand das ganze Räuberhaus als ihr Nachtlager. Einer der Räuber wird in der Nacht zum Haus zurückgeschickt, um die Lage zu erkunden und die Rückeroberung vorzubereiten. Er wird sehr trickreich von den vier Freunden erneut und endgültig verjagt. Das war klar, denn Bremer sind einfach clever!

Den Bremer Stadtmusikanten gefällt das Räuberhaus so gut, dass sie beschließen, für immer dort zu bleiben. Sie gründen also eine WG, eine Wohngemeinschaft. Angesichts ihres Alters mögen manche vielleicht meinen, sie gründeten wohl eher das erste Seniorenheim von Bremen und Umzu.

Doch einige wichtige Fragen bleiben offen:

1. Warum sind sie zwar in der Geschichte nie in Bremen angekommen, werden aber Bremer Stadtmusikanten genannt und als solche weltweit akzeptiert?
2. Geht es in dem Märchen vielleicht wirklich um die Erfindung des Seniorenheims? Oder vielmehr darum, sich gemeinsam ein neues, tierisch gutes Leben aufzubauen?
3. Ja, und welche Lieder haben die Vier denn nun eigentlich gesungen beziehungsweise gespielt?
4. Diese Fragen sind mir so lange im Kopf herum geschwirrt, bis diese neue Geschichte entstanden ist. Sie spielt in der heutigen Zeit. Genau jetzt. Wo? Na, selbstverständlich in Bremen!

Herzliche Grüße, eure Maria Hunter-Marx

P.S.: Wer sich über den Bremer Schnack wundert, der braucht halt ein Wörterbuch: Der „Weser Kurier" hat da mal ein gutes veröffentlicht ... Für diese Geschichte reicht es, wenn ihr ganz hinten in der Wortliste nachschaut.

Viel Spaß beim Lesen und Entdecken!

18 III 07.
Aus der Prachtausgabe von Grimm's Märchen
Illustriert von P. Grot Johann und R. Leinweber (Stuttgart, Deutsche Verlags-Anstalt)
Bremen. Bremer Stadtmusikanten.
Verlag L. Placidus, Bremen. No. 31.

LS

KAPITEL 1

Graubert, der Esel

s war einmal ... in der heutigen Zeit – das macht wenig Sinn, außer dass tier ein Märchen eben so anfängt – ein Esel mit dem Namen Graubert.

Graubert lebt mitten in der Hansestadt Bremen, wo er sich richtig schön zuhause fühlt. Bremen ist sowohl eine gemütliche und überschaubare, als auch weltoffene und kulturvolle Stadt, die an dem Fluss mit dem Namen Weser liegt. Die Weser fließt bis in die Nordsee, wo es an wenigen Stunden täglich das weltweit sehr seltene Wattenmeer gibt.

Manchmal stehen Besucher von weit her mit offenen Mäulern auf dem Deich und fragen sich panisch: „Wo ist denn das ganze Wasser hin? Kommt es gleich als gefährlicher Tsunami zurück und überrollt uns? Wir müssen schnell weg hier!"

Graubert, der selbst gerne die Nordsee besucht, weiß, was los ist. Denn jeder Bremer lernt das schon in der Grundschule. In seinem letzten Urlaub erklärte er einem thailändischen Elefantenpärchen grienend: „Nee, das hat sich nur der Mond ausgeliehen. Keine Sorge, er bringt das ümmer wedder zurück. Das ist ungefährlich."

„Ümmer wedder?"

„Immer wieder. Alle paar Stunden."

„Ach so!"

Von Freunden und Familien wird unser Esel Graubert liebevoll auch Grauchen oder Graubi genannt. Wer ihn wegen seiner langen Ohren ärgern will, nennt ihn scherzhaft auch mal Langohr. Graubert macht das nichts aus. Er ist für jeden Spaß zu haben. Nennst du ihn Langohr, sagt er zu dir vielleicht: „Du Märchenleser!" Oder: „Nicht nur lesen, auch die Bilder angucken nicht vergessen!"

Hüten muss sich, wer denkt, er sei ein dummer Esel. Das kann Graubert echt nicht ab! Woher dieses Gerücht kommt, weiß heute niemand mehr so genau. In Wirklichkeit sind Esel besonders intelligente Tiere. Es heißt nicht umsonst „sich eine Eselsbrücke bauen". Das ist eine Umschreibung für eine leicht zu merkende, aber sehr hilfreiche Gedächtnisstütze. So kann sich unser Esel Graubert ganz leicht sehr viel merken, und hat damit schon manchen erstaunt.

Wer wirklich abfällig und schlecht über Esel denkt, nennt sie Packesel, Maulesel oder Döskopp. Das stammt aus einer Zeit, als so gut wie jeder glaubte, Esel seien dumme Tiere und zu nichts anderem Nutze als zum Tragen von Dingen. Beides hat viele Esel mürrisch und unglücklich gemacht: Sie waren unterfordert und hatten vom zu schweren Gewicht schlimme Rückenschmerzen. Zum Glück sind diese Zeiten bald vorbei!

Heute gehört Graubert zu den echt starken und außergewöhnlich hitzefesten Stahlkochern von Bremen. Als Schmelzer steht er jeden Tag am Hochofen. Er achtet darauf, dass die Torpedos richtig gefüllt werden und macht regelmäßig Abstiche. Wegen der Hitze kommt er dabei in seinem silbrig glänzenden Schutzanzug ordentlich ins Schwitzen, muss sich aber zugleich ständig konzentrieren. Doch das fällt Graubert leicht. Er liebt es, in das rotglühende Metall zu stechen, es auf seinen Wegen weiter zu schicken, bis es als Roheisen schließlich das Stahlwerk verlässt.

Graubert freut sich dann über die vielen Möglichkeiten, was daraus alles werden kann – es dient in unterschiedlichen Formen ganz unterschiedlichen Zwecken. (Fast) alles ist möglich!

„Graubi, mach‘ hinne, wir müssen los! Ich will nicht schon wieder ganz hinten sitzen“, drängelt Dieter, ein anderer, ziemlich kleiner und dicker Esel und Grauberts bester Freund. Er holt unseren Graubert gerade zur Betriebsversammlung ab, wo sich die meisten ihrer Kollegen schon versammelt haben.

Ein paar Esel können jedoch nicht teilnehmen, denn sie müssen an den Kontrollposten sitzen bleiben und aufpassen, damit den Hochöfen nichts passiert. Man kann die Kessel herunterfahren, aber nicht gänzlich ausschalten. Davon könnten sie kaputt gehen.

Als Graubert und Dieter zwei freie Plätze in der Halle gefunden haben, von wo aus auch Dieter was sehen kann, blicken sie nach vorne zum Podium und beobachten das dortige Treiben. Sie beschleicht ein mulmiges Gefühl, irgendwas ist anders als sonst, irgendwas stimmt hier nicht. Sie blicken sich um, um zu sehen, ob es auch anderen so geht. Aber nur wenige gucken schon nach vorne; die meisten unterhalten sich noch angeregt miteinander oder treiben sich den Schweiß von der Stirn.

„Hallo, hallo, Test, Test!“ Piiieep. Ein greller Pfeifton lässt alle zusammenfahren.

„Ähm, ja, gut, jetzt sind wohl alle wach“, räuspert sich am Mikrofon der Moderator. „Also, liebe Teilnehmende, liebe Belegschaft des Stahlkochers in Bremen, liebe Gäste, schönen guten Morgen und herzlich willkommen auf unserer Betriebsversammlung. Wir müssen uns heute mit einer ernsten Sache auseinandersetzen. Dazu übergebe ich das Wort an unseren Boss der Stahlkocher.“

Bei dieser Vorrede spitzt Graubert seine langen Ohren. Ernste Sache? Und es ist auch nicht üblich, dass sofort der Boss selber spricht, sondern erst mal ein Vertreter der Esel-Zunft. Sie soll zuständig sein, die Interessen der Esel zu vertreten. Was sie aber selten wirklich gut hinkriegen, denkt Graubert nach. Doch schon geht es weiter …

„Liebe Esel und Eselinnen“, beginnt der Boss seine Rede, wobei er sich mit Hemd und Krawatte aufbaut, um wichtig zu wirken. Das sieht aber komisch aus, weil es wegen seinem dicken Hals so aussieht, als ob er gar keinen hat, sondern der Kopf direkt auf den Schultern sitzt.

„Vielen Dank, dass Sie heute so zahlreich gekommen sind, ähm, das belegt den ganz großen Zusammenhalt zwischen uns. Mit großer, ähm, Enttäuschung musste ich feststellen, dass wir unseren Stahl nicht wie erwartet loswerden. Er ist den Kunden einfach zu teuer geworden. Noch ist es nicht so weit", sagt der Boss der Stahlkocher, „aber vielleicht kann ich euch bald nicht mehr beschäftigen. Da wir immer besser geworden sind, aber nicht entsprechend mehr verkaufen – also, ich meine, unser Stahl ist schlecht für die Natur. Das finden manche nicht so gut. Daher versuche ich, ähm, das zu ändern, aber das ist sehr teuer. Die Kunden wollen das nicht bezahlen. Sie kaufen lieber den billigen Stahl aus China. Denen, ähm, ist die Natur nämlich völlig egal. Also die Hälfte von euch wird gehen, ähm, müssen. Ähm, tut mir echt, ähm, leid. Nix für ungut!"

Und so geht er von der Bühne. Für Fragen ist er heute nicht mehr zu sprechen.

So geordnet würde das heute auch nicht mehr ablaufen. Ein Stimmengewirr vieler wütender Esel macht sich in der Halle breit.

„Der soll mir unter die Hufe kommen! Dem würde ich ordentlich eine verpuhlen!"

„Und ordentlich verwamsen!"

„Ich beiß dem seine Krawatte ab und ziehe ordentlich dran! Erst von ganz großem Zusammenhalt schwafeln und dann so was! Der will uns wohl verhohnepiepeln!"

Graubert sitzt einfach nur da und grübelt über das nach, was er gerade gehört hat.

„Ich habe hier immer so gerne gearbeitet", denkt er. „Aber jetzt will mich mein Herr nicht mehr haben. Er will die Hälfte von uns entlassen. Dabei bin ich noch gar nicht so alt ...".

Das stimmt, Graubert ist 2 Jahre alt, also noch lange nicht so alt wie der Esel Grauschimmel der Bremer Stadtmusikanten von 1819. Und die allermeisten seiner Kolleginnen und Kollegen sind es auch nicht.

„Das ist nicht fair!", sagt er plötzlich laut.

Dieter, der gerade mit einem Esel eine Reihe hinter ihm gesprochen hat, wendet sich ihm zu.

„Nein, sag ich doch! Es ist extrem unfair. Erst lässt man uns immer schneller und billiger arbeiten, weil das gut für die Umwelt sei und nicht teurer würde – und jetzt wollen sie uns aus den gleichen Gründen entlassen!", empört sich Dieter.

Graubert würde sich auch gerne so wie Dieter empören, aber er kann es nicht. Er ist völlig bedröppelt. Sein Herr will ihn nicht mehr. Er hat angekündigt, ihn und andere Esel bald zu entlassen, grübelt er weiter. Und er kann nicht glauben, dass sein geliebter Stahl schädlich für die Natur sein soll! Dabei würde er doch selbst aus Naturstoffen hergestellt, von ihm, dem Esel, der selbst Teil der Natur ist.

„Aus Stahl kann man machen, was man will und somit sicher auch etwas, was der Natur nutzen kann", überlegt Graubert weiter. „Den Kunden und sogar den Eseln in China soll das alles einfach egal sein?“ Bei diesem Gedanken schüttelt Graubert ganz automatisch den Kopf. Das kann er nicht glauben!

„Und was soll ich jetzt tun?“ Kurz denkt er, er könne dem Boss vorschlagen, seinen Stahl auch noch billiger zu machen – und damit auch noch schädlicher für die Natur? Nein, niemals! Es wäre ja glatter Selbstmord. Denn ohne gesunde Natur kann auch kein Tier gesund leben. Seinen geliebten Arbeitsplatz will und kann er auch nicht verlieren. Er braucht auch was zu Futtern und einen Stall über dem Kopf. Es ist zum Verrücktwerden!

„Es ist doch vor allem die Frage, WIE der Stahl hergestellt wird“, überlegt er weiter. „Es geht nicht immer noch billiger und schneller, wie es der Boss will. Nicht der Stahl ist das Problem, sondern die Art der Herstellung. Und die muss sich doch ändern lassen können, oder nicht? Nur wie? Tier muss echt aufpassen, was die Bosse sagen, und ihnen lieber nicht glauben.“

All diese Gedanken hat Graubert immer und immer wieder, während er den Arbeitstag unkonzentriert zu Ende bringt. Und so geht unser sonst so starker und hitzefester Esel Graubert in den Feierabend. Wegen dem scheinbar unlösbaren Konflikt, der ihn seit der Betriebsversammlung beschäftigt, fühlt er sich in eine tiefe Krise gestürzt. Mit gesenktem Kopf macht er sich auf den Heimweg …

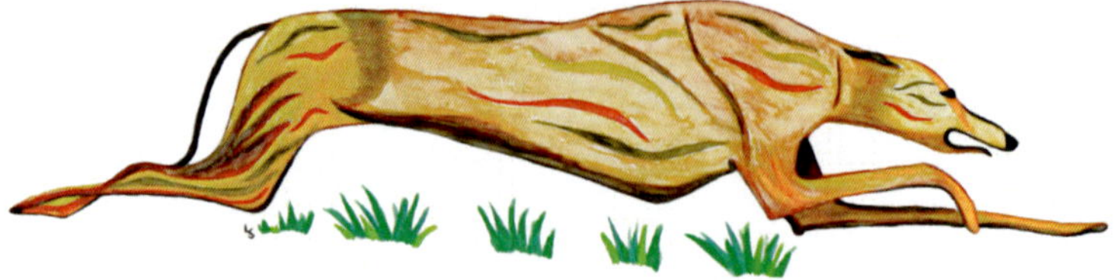

KAPITEL 2

Pacco, der Hund

In einer anderen Fabrik in Bremen arbeitet Pacco, der schönste Windhund, den ihr je gesehen habt. Er hat einen eleganten, windschnittig geformten Körper. Und zugleich ist er auch stark, sehr stark! Beides zusammen hilft ihm dabei, schnell wie der Wind zu rennen. Wenn er nach der Arbeit oder am Wochenende über die Rennbahn saust, gucken andere Tiere staunend und mit offenen Mäulern dabei zu. Windhunde gehören zu den schnellsten Landtieren der Welt – nur Geparde sind noch schneller! Pacco und seine

Freunde lieben es, übers Gras zu peesen und den Wind in den Ohren zu spüren. So fühlt sich das Leben gut an!

Leider können nicht alle Tiere so schnell sein. Sie wollen dennoch ihre Familien und Freunde besuchen, auch wenn diese weit weg leben. Darum findet es Pacco großartig, in einer Autofabrik zu arbeiten. Autos können noch schneller sein als er selbst, und jedes Tier kann mitfahren. Als er diesen Job angefangen hatte, war noch gute Stimmung im Betrieb. Jedes Mal, wenn ein neues Auto vom Band lief, jaulten er und die anderen Hunde vor Freude. Es war ein schönes Bellkonzert, mehrmals am Tag. Wer's hörte, konnte fast nicht anders, als sich mit zu freuen. Nur den Bossen ging es irgendwann voll auf die Nerven. Das heißt nicht, dass früher als besser war. Aber es war noch erträglich und die Hunde haben für sich das Beste draus gemacht.

Jetzt hat Pacco Pause und geht nach draußen, um seinen Haufen zu machen, dann etwas zu fressen und sich noch ein bisschen in die Sonne zu legen. Dort trifft er Paulina, eine Afghanin. Sie gehört auch zu den Windhunden, hat aber im Gegensatz zu Pacco ein schönes Langhaarfell. Zusammen haben sie vier Welpen, die schon fast ausgewachsen sind – das geht bei Hunden aber auch recht schnell.

„Sei nicht so gnaddelich, mein Schatz", sagt Paulina und leckt ihm die Schnauze.

„Wie könnte ich nicht traurig sein? Mit Leine und Maulkorb lassen sie uns arbeiten. Keinen Mucks dürfen wir mehr machen", klagt Pacco. „Nachdem sie schon 300 Hunde vor die

Tür gesetzt haben, traut sich keiner mehr zu bellen. Niemand will vom Roboter ersetzt werden. Ich bün ab un' alle."

„Ja, das haben sie uns heute auch gesagt: Auch wenn es einmal viel kostet, einen Roboter einzusetzen, am Ende ist der viel billiger als wir Hunde. Er will nicht gefüttert werden, macht keine Haufen und arbeitet immer gleich schnell, jeden Tag und jede Nacht", berichtet Paulina von der heutigen Morgenbesprechung.

„Wer hat das gesagt?", will Pacco wissen.

„Na der Zwetschge, von den Bossen. Wir waren heute Station auf seiner Motivationstour."

Das letzte Wort sagt sie so, als würde sie über etwas ganz Ekliges oder Schleimiges sprechen.

„Er bewirkt damit nur das Gegenteil", schließt Paulina ihren Bericht ab. Sie müssen jetzt leider wieder reingehen, die Pause ist zu Ende.

Pacco erhebt sich mühsam. Er fühlt sich am Boden zerstört. Früher wirkte er stets – selbst wenn er gerade faul in der Sonne lag – wie ein Blatt, das im Wind tanzt. Zurück am Band mit den Autoteilen halten ihn Leine und Maulkorb fast wie erstarrt. Nur arbeiten geht natürlich noch; die Autos müssen ja weiter vom Band rollen.

„Wenigstens haben sie uns Radios hingestellt", denkt Pacco, „so können wir wenigstens Musik und Nachrichten hören." Dabei weiß er ganz genau, dass die Bosse es nicht aus Nettigkeit getan haben. Sie wollen weder das leise Winseln trauriger, noch das bedrohliche Knurren all der wütenden Hunde hören. Denn sie wissen genau, wem sie Leinen und Maulkorb zu verdanken haben.

„Wie sollen Roboter, die immer fest auf dem gleichen Platz stehen, für die anderen Tiere schnelle und zugleich sichere Autos bauen?", grübelt Pacco, während er seine eintönige Arbeit macht. „Sie merken es doch gar nicht, wenn sie einen Fehler machen." Und er schmeißt die Schraube, die er gerade aufdrehen wollte, in den Schrotteimer und nimmt schnell die nächste. Er schafft es noch, die neue festzuziehen, bevor das Fließband weiter läuft, und er muss deshalb nicht an der Leine ziehen, um einen Fehler zu melden.

„... So kann die Bebauung der Hundsrennbahn endlich beginnen", dringt es an Paccos Ohr und er horcht auf. Im Radio wird gerade berichtet: „Nachdem alle Hürden aus dem Weg geräumt werden konnten, die das misslich ausgegangene Rudelbegehren verursacht hatte, wurde gestern der Weltkonzern Drunter&Drüber beauftragt. Es musste sich nach der Ausschreibung gegen vier Kontrahenten durchsetzen und hat vom Bremer Senat den Zuschlag für die Bebauung erhalten."

„Los, weiter arbeiten, ihr Faulpelze!", brüllt der Schichtaufseher durch die Halle.

Die Bebauung der Hundsrennbahn ist ein sehr schlimmes Thema für die Hunde. Die Bremer Regierung, hier als Senat bezeichnet, wollte die Hundsrennbahn schon lange bebauen lassen. Sie ist eine riesige Grünfläche mitten in Bremen, überhaupt nicht weit von der Autofabrik entfernt. Wenn man über Bremen hinweg fliegt, sieht die Autofabrik mit ihren vielen Hallen aus wie viele graue Bauklötze. Die schöne, grüne Hundsrennbahn ist dagegen ein einladender Farbfleck. Nicht nur Hunde genießen hier das kleine Stück Natur. Auch alle anderen Bewohner und Gäste Bremens kommen hier vorbei, um frische Luft zu atmen und sich zu entspannen. Um eine Bebauung zu verhindern, starteten die Tiere ein Rudelbegehren. Alle Tiere wurden befragt und das Ergebnis hieß: Ja, die Hundsrennbahn soll bleiben!

Und was machte der Bremer Senat daraus? „Ach, das haben die Tiere wohl falsch verstanden: Sie wollten „Ja" sagen, aber ja zur Bebauung! Keine Sorge, das werden wir schon wieder hinbiegen."

So wurden die Tiere öffentlich auch noch für dummerhaftig erklärt und die Bebauung eingeleitet.

Die Hunde, die das Rudelbegehren angezettelt hatten, bekamen am nächsten Tag zusätzlich zum Leinenzwang eben auch noch den Maulkorb verpasst. Der Bremer Senat nennt das „Meinungsfreiheit". Was für eine Gemeinheit!

Jetzt, wo Pacco die Meldung im Radio hört, spürt er den Maulkorb wieder umso deutlicher. Der dicke Striemen des Leders der Leine hält seine Brust so fest, dass er sie nicht weit genug dehnen kann, um tief und entspannt einzuatmen. In Verbindung mit dem zusätzlichen Maulkorb haben manche Hunde anfangs dadurch Panik bekommen, weil sie dachten, sie müssen ersticken. Das passiert nicht, aber durch die Panik sind doch tatsächlich welche ohnmächtig geworden. Nur, bei wem es schon so weit gekommen ist, dem durfte die Leine ein winziges Stück weiter gestellt werden. An dem Maulkorb wurde aber nichts geändert. Es gibt nur Schulungen und Warnhinweise zu dem Thema, wie man sich an der eigenen Zunge nicht verschluckt und erstickt. Am Ende der Schulung muss jeder Hund einen Pfotenabdruck hinterlassen – falls es tier jetzt doch passiert und vor die Hunde geht, ist es halt selber schuld. Auf dieses Warnschild fällt gerade Paccos Blick, als das Band stehen bleibt. Feierabend!

Erleichtert wartet Pacco darauf, dass er von der Leine gelassen wird. Als es soweit ist, streckt Pacco erst seine Vorderbeine, dann seine Hinterbeine, macht einen Buckel und zieht seinen Schwanz in die Länge. Mehrere Wirbel knacken dabei. Am liebsten würde er wie früher einfach losrennen, aber seine müden Knochen und verkrampften Muskeln tun ihm so sehr weh, dass er nicht mehr rennen kann, nicht mehr den Wind und die Freiheit um seine Nase spürt.

Außerdem muss er noch bei der Sani-Stelle vorbei. Die Leine hat schon vor Tagen ein Stück Haut am Rücken weggescheuert, wofür er sich Salbe abholt. Er muss warten, bis er an der Reihe ist, denn vielen anderen geht es genauso. Als seine Kollegin Emira ihm die Salbe draufschmiert, brennt es ein bisschen. Aber dann kann auch Pacco endlich nach Hause gehen.

Weil er immer noch grübelt, geht er belämmert und unaufmerksam aus der Fabrik. Völlig in Gedanken versunken, merkt er nicht, was um ihn herum vor sich geht. Als er über die Straße geht, wird er von Lehrer Bodermann, einer weißen Schildkröte, aus dem Auto angehupt.

„Pass doch auf!“

Kurz blickt Pacco auf, um dann genauso gedankenverloren weiterzugehen. Mit gesenktem Kopf sieht er nur den Fußboden, auf dem er geht. Plötzlich stößt Pacco mit dem Kopf gegen einen grauen, fellbedeckten Pfosten.

„Aua!“

Gerade will er hochgucken, da wird er auch schon unter einer ebenso grauen, fellbedeckten Last begraben.

„Mmmpf...!“

KAPITEL 3

Lydia, die Katze

anchmal, wenn Patienten der Tierklinik Bremen-Mitte nach einem langem Erholungsschlaf wach werden und Lydia, die Katze sehen, denken sie, sie sind im Tierhimmel gelandet und sehen einen Engel. Einen so schönen Engel, dass sie fühlen, alles wird gut.

Das liegt an Lydias Fell. Es ist schneeweiß mit einem hellbraunen, fast schon goldfarbenem Muster. Um ihre rosane Nase ist ein schwarzer Rand, der wie eine gezeichnete Kontur aussieht. Ihr leicht rundlicher Körper bewegt sich geschmeidig, flink und leise - wie eine Wolke am Himmel.

Bisher war noch kein Tier enttäuscht, doch nicht im Himmel zu sein, sondern bei Lydia. Die Patienten lieben es, von ihr gepflegt und betüdelt zu werden. Mittlerweile hat Lydia viele Freundinnen und Freunde im ganzen Land gewonnen.

„Danke, Lydia! Wenn du mich geputzt hast mit deiner Katzenzunge, habe ich mich wie neu geboren gefühlt!", hört sie oft als freundliche Abschiedsworte, über die sie sich sehr freut.

Es gibt natürlich auch Patienten, vor allem sind es Jungtiere, die große Angst haben und getröstet werden müssen. Schließlich sind sie krank oder verletzt in die Tierklinik gekommen. Doch Lydias sanftes Schnurren beruhigt auch die ängstlichsten unter ihnen. Sie kuschelt sich dann mit ihrem warmen, weichen Fell an und schnurrt so lange, bis die Tränen trockneten. Meistens sind die Patienten dann auch eingeschlafen.

Ab und zu erzählt sie besonders neugierigen Patienten ihr eigenes Abenteuer, meistens dann, wenn sie nachts nicht schlafen können und Lydia ein bisschen mehr Zeit hat als tagsüber.

„Als ich noch ein Katzenbaby war, gerade mal drei Monate alt, hätte ich fast nicht überlebt", beginnt sie ihre Geschichte. Und die Jungtiere bekommen große, erwartungsvolle Augen.

„Oh, wieso nicht?"

„Ich war mit meiner Familie draußen am Stadtrand, wo der Wald anfängt. Wir alle spielten, schauten uns dabei die Natur an und ich entdeckte einen wunderschönen Schmetterling."

„War der etwa giftig?"

„Nein, kleiner Igel, Schmetterlinge sind nicht giftig. Ich bin hinterher gelaufen. Ich wollte ihn unbedingt fangen. Ich habe aber nicht darauf geachtet, wo es hin ging, und auch nicht, worauf ich getreten bin. Ich dachte, ich kriege ihn – und plötzlich rutschte ich ab und war vollständig unter Wasser. Mit Kopf und Schwanz und allem, es war nass und kalt. Zum Glück konnte ich schwimmen und kam mit dem Kopf wieder über Wasser, so dass ich atmen konnte. Aber ich trieb mitten in der Weser. Es war nichts in meiner Nähe, woran ich mich hätte festhalten können. Ich bin ganz schön weit abgetrieben, bis ich mich an einem alten Baumstamm mit letzter Kraft wieder an Land ziehen konnte. Ich habe mir dabei den unteren Bauch aufgerissen. So lag ich da, blutend, und wusste absolut nicht, wo ich war. Es war kein Tier in meiner Nähe – jedenfalls glaubte ich das. Und ich hätte auch keine Kraft gehabt, um mich irgendwie bemerkbar zu machen."

„Oh nein, davon kann man sterben! Bist du gestorben?", fragt ganz besorgt eins der Jungtiere. Es wird einmal ein großer Braunbär werden.

„Ist sie natürlich nicht, du Döskopp, sonst wäre sie doch gar nicht hier!", erwidert ein kleines Stinktier.

„He, nicht beleidigend werden! Ich hätte wirklich sterben können. Es war schon stockfinster, als ich ein kratzendes und schnüffelndes Geräusch hörte. Stefan, der schlaue Fuchs mit seinem knallroten Fell, fand mich und rettete mich. Er holte mich in seinen Bau im Wald und reinigte mein Fell mit seiner Zunge. Er brachte mir etwas Wasser auf einem Blatt, so dass ich trinken konnte. Als ich mich wieder einigermaßen aufrichten konnte, setzte er mich in sein Auto und wir fuhren in die Tierklinik. Leider war die Verletzung am Bauch so tief, dass ich keine Babys kriegen kann. Aber ich bin froh, dass ich überlebt habe. Dank der Hilfe vom schlauen Fuchs!"

„Bist du deswegen so gerne Tierpflegerin?", fragt das Braunbärjunge.

„Ja, bestimmt ist das deswegen so. Aber auch mein Lebensmotto, das ich seitdem habe, hat damit zu tun. Immer wenn ich ein Problem habe, dass ich scheinbar nicht lösen kann, denke ich: Der Fluss hat mich nicht umgebracht, also bringt

mich das jetzt auch nicht um. Immer die Nase nach oben und weiter atmen!"

„Das will ich auch: Nase nach oben und weiter atmen!", ruft der kleine Igel. Und die anderen Jungtiere machen es ihm nach.

Lydia lacht über die hochgestreckten Nasen. Ihre Angst haben die Jungtiere nun völlig vergessen. Den Rest der Nacht schlafen sie friedlich.

So schön könnte der Alltag einer Tierpflegerkatze immer sein. Natürlich sind es Krankheiten und Verletzungen, die die Tiere hier zusammenbringt. Und leider werden nicht alle wieder gesund, manche müssen sogar sterben. Aber die Weichheit, Wärme und gegenseitige Sorge und Hilfe machen es zu einem würdevollen, herzlichen Ort. Doch das wird in letzter Zeit immer mehr in Frage gestellt.

Die Tierklinik Bremen-Mitte befindet sich in einer ernsten Lage. Es hat mit dem zu tun, was wir über die Stahlkocher und über die Hunde in der Autofabrik erfahren haben – oder auch nicht erfahren haben. Der Boss der Stahlkocher produziert gar nicht so verträglich für die Natur, wie er behauptet hat. Er hat mit dieser Lüge nur die Preise hochgesetzt, um mehr Profite zu machen – auf Kosten der Natur, den Eseln und allen Tieren, die um das Stahlwerk herum leben und davon krank werden.

Viele andere Bosse machen es ähnlich, oder behandeln ihre Belegschaft wie die Hunde der Autofabrik. Auch das macht Tiere krank. Hunde, Bären, Füchse, Affen und all die anderen Tiere sind immer häufiger krank und unglücklich, so dass Lydia und die anderen Katzen ständig neue und mittlerweile so viele Patienten haben, dass sie die Pflege von allen einfach nicht mehr schaffen. Aber alle sind krank, es geht ihnen schlecht und sie fühlen sich richtig maddelich. Sie fauchen und knurren vor Schmerzen, rufen nach Lydia und brauchen dringend Hilfe.

Auch heute rennt Lydia hektisch von einem Patienten zum nächsten. Verzweifelt versucht sie zu helfen, wo sie nur kann. Den ganzen Tag schon steht sie unter enormen Stress.

„Ich weiß, tut mir leid, ich habe nur das Allernotwendigste getan, aber ich muss schon wieder weiter“, erklärt sie gerade. Aber meint sie wirklich den Patienten oder ihr wachsendes schlechtes Gewissen? Sie verhindert gerade noch das Schlimmste – aber widmet keine Zeit mehr für ausreichende Pflege, für warmes Kuscheln oder tröstendes Schnurren. Es bricht ihr das Herz.

Und dann passiert es. Das allergrößte Unglück, dass Lydia sich vorstellen kann: Nach einem hektischen Spurt von einem Patienten zum nächsten schafft sie es nicht, ihre Krallen rechtzeitig einzuziehen und kratzt ein Jungtier ganz leicht am Ohr.

„Aua“, faucht es überrascht.

„,Tschuldige“, stammelt Lydia. „Malör ...“. Mit vor Schreck geweiteten Pupillen und flach angelegten Ohren sieht man ihr das Entsetzen an.

Es ist nicht weiter schlimm, das Ohr blutet nicht mal. Aber Lydia ist so erschrocken über sich selbst, dass sie fauchend zurückweicht. Für sich genommen, mag es nicht so schlimm sein, aber für sie ist es der letzte Tropfen, der das Fass zum Überlaufen bringt. Nach einem kurzen Schreckensmoment nimmt Lydia Reißaus. Sie rennt und rennt wie wahnsinnig, als wolle sie vor sich selbst fliehen – und wird immer wieder von sich eingeholt.

Sie peest auf einen Stein, springt über eine Mauer, landet auf einer anderen grauen, weichen Mauer – Moment mal! Sie bremst ab und steht Auge in Auge mit einem Hund, ihre Krallen hat sie tief in das graue Fell geschlagen und macht fauchend einen Buckel!

Armer Graubert, armer Pacco, die sich bei dieser plötzlichen Attacke fast zu Tode erschrecken ...

KAPITEL 4

Sammy, das Huhn

ir sehen fast nur schwarz. Eine schwarze Fläche mit vielen, vielen hell leuchtenden Sternen. Für unsere Augen stehen sie still, nichts bewegt sich. Alles ist ruhig und riesig weit. Obwohl die Sterne so hell leuchten, dass wir sie bis zu uns auf der Erde sehen können, sehen wir keine hell erleuchtete Fläche. Zwischen den Sternen sehen wir immer noch schwarz. Das liegt daran, dass das Universum unendlich existiert," erklärt Sammy, das Huhn, den Zuhörern. „Es scheint auch alles nur still zu stehen. Die Milchstraße bewegt sich mit 220 km/s, also Kilometer pro Sekunde. Hyperschnellläufer schaffen sogar 1200 Kilometer pro Sekunde. Das Licht bewegt sich mit etwa 300.000 Kilometer pro Sekunde; irre schnell also. Und trotzdem kann es sein, dass es manche von den Sternen, die ihr gerade seht, nicht mehr gibt. Das Licht hat nur noch länger gebraucht, bis es bei uns angekommen ist."

Einen Moment lang schauen die rund 60 Besucher des Albert-Einstein-Planetariums noch in den Sternenhimmel. Dann geht das Licht an.

„Vielen Dank für den tollen Vortrag", bedankt sich Shelley, die kleine Feldmaus.

„Bitte, gern geschehen!" Sammy freut sich sehr über dieses Kompliment. Es kennt das überwältigende Gefühl, wenn einem die Unendlichkeit des Universums klar wird – und tier sich selbst dadurch nicht kleiner, sondern größer und wichtiger vorkommt. Weil tier es verstanden hat.

Apropos: Nein, das 4. Tier in unserer Geschichte ist kein Hahn. Es gibt schon genug männliche Vertreter in unserer Geschichte. Wir wissen eigentlich gar nicht genau, ob Sammy die Abkürzung für Samantha oder Samuel ist, aber das spielt auch keine Rolle. Klar, ein Huhn ist eher ein weibliches Tier, aber es ist eben keine Henne, die schon mal ein Ei gelegt hat. Normalerweise fängt jedes Huhn an, Eier zu legen, wenn es alt genug ist. Und Sammy hat es auch schon versucht, mehrere Male. Es saß mit den Hühnern zusammen auf der Stange, stundenlang – aber das Nest blieb leer, es kam kein Ei.

Sammy war todtraurig. Niemand hat es verstanden oder konnte das Desaster erklären. Sammy sieht eindeutig aus wie ein Huhn, das zur Eier legenden Henne werden könnte. Doch es geschieht nicht.

Eines Tages, als die Hähne aus ganz Bremen ihr Kikeriki übten – das tun sie jedes Jahr zu Ostern auf dem großen Rathausplatz als Zeichen ihres Friedenswillen – entfuhr es auch Sammy: „Kikeriki!"

Alle schauten völlig perplex, auch Sammy selbst. So als hätte gerade ein Pferd miaut. Aber es klang toll! Manche Dinge hält tier eben einfach für unmöglich – bis es eins tut.

Genau das ist zum Markenzeichen von Sammy geworden. So überrascht Sammys Beruf als Raketenbauer nur noch halb so sehr. Greifen nach den Sternen – das ist für Sammy längst kein Wunschtraum mehr, sondern ein erfüllter, obwohl Hühner selbst nicht richtig fliegen können. Bei Gefahr schaffen es zwar alle hoch genug, um sich zum Beispiel auf einen Baum zu retten. Aber das war es dann.

Schon im Studium hat Sammy beim Bau der Adrian-Rakete mitgeholfen, denn es war ein Theorie-und-Praxis-Studium, zumindest theoretisch. Übrigens waren schon Hühner, Affen und Kakerlaken im Weltraum, die auch heil wieder auf die Erde zurückgekehrt sind. Nur eine Spinne hatte es nicht überlebt. Sie war daran verzweifelt, dass ihre Netze im All nicht halten. Wir können das nicht erklären, aber so ist es gewesen.

Nur eine Sache hat Sammy, unser Huhn, ganz furchtbar aufgeregt: Als Pluto als Planet aberkannt wurde! Richtig beleidigt war Sammy darüber, dass der Kleine nicht voll zählt, nur weil er eigene Bahnen zieht. Aber sachlich gesehen ist die Definition ja richtig. Und Pluto selbst interessiert es nicht, sondern dreht weiter seine Bahnen.

„Genieß deine Freiheit, nicht festgelegten, sondern deinen eigenen Bahnen zu folgen!" Das denkt Sammy, wenn es an

Pluto denkt – und was es der Feldmaus Shelley noch auf den Weg gibt, als sie das Planetarium verlässt.

„Das habe ich sowieso schon immer gemacht", antwortet Shelley. „Bis bald, Sammy!"

Dann schließt Sammy die Türen von innen ab. Es will nochmal an den PC, weil ein Auftrag nicht rechtzeitig fertig geworden ist.

„Da muss der Stall noch eine Weile auch mich warten", denkt Sammy und sehnt sich jetzt schon ein wenig nach dem wohlverdienten Schlaf auf der Stange inmitten der Hühnerschar. Zusammen sind sie 86 Hühner, Hähne und Hennen, die sich einen Stall teilen. Sammys Familie, in der es sich rundum wohl fühlt.

Jetzt setzt sich Sammy vor den Computer. Die Gedanken an den Stall sind sofort verflogen, denn es ist voll konzentriert bei der Sache. Nach einer Stunde hat es die Berechnungen abgeschlossen und widmet sich noch kurz den eingegangen E-Mails.

Eine davon scheint gar nicht für Sammy bestimmt zu sein. Die Namen kennt es nicht und sie ist auf Englisch. Aber das rote **Ausrufezeichen** macht neugierig und es öffnet den Anhang. Der ist auch auf Englisch, was Sammy zwar ein wenig versteht, aber das hier ist mit vielen Begriffen bespickt, die es fremd sind. Sammy kopiert einfach den Text und gibt ihn in den UNI-Übersetzer ein.

„Es wird möglich sein, mit der neuen Adrian-Rakete unsere Satelliten so auszurichten, dass die der Chinesen allesamt lahm gelegt werden. Nächstes Jahr im August können wir dann unsere Weitflugraketen mit den Atomsprengkörpern auf China ausrichten und zünden, ohne dass sie es überhaupt mitbekommen. Das „Go“ ist bereits freigegeben. Sobald es technisch gesichert ist, wird der Erstschlag erfolgen. Die Industrie kann es kaum abwarten, die Konkurrenz auszuschalten. Der Senat hat klar angewiesen: Eine Verzögerung wird nicht geduldet...“

„Waaaasss? Das kann doch nicht wahr sein!!! Das ist doch zum Federn lassen! Diese Mail ist ein Beleg für konkrete Kriegsvorbereitung – und ich arbeite daran mit!“, wird Sammy gewahr.

Dass es in dieser Welt auch um Kriege geht, dass ist schon immer klar gewesen, irgendwie. Aber jetzt ist es nicht mehr irgendwann, nicht mehr irgendwer gegen irgendwen, sondern ganz konkret geplant fürs nächste Jahr. Dafür hat Sammy nicht gearbeitet!

„Im Weltraum gibt es keine Grenzen! Jede Pionierarbeit soll der Tierwelt Gutes und Fortschrittliches bringen, die Erde enger vernetzen, internationale Nähe und Reisen ermöglichen. Doch ein Krieg würde nur viele Tiere abschlachten, überall auf der Welt“, überlegt Sammy, immer noch geschockt von den geheimen Plänen des Bremer Senats.

„Das kann doch nicht wahr sein!“, ruft Sammy diesmal laut.

„Was brüllst du denn so?“

Sammy zuckt vor Schreck zusammen. Professor Scharf, ein stolzer Hahn mit roter Krawatte um den Hals und einem feuerroten Kamm auf dem Kopf, steht hinter Sammy in der offenen Bürotür.

„Ich habe hier eine merkwürdige E-Mail. Sie enthält die Planung für einen atomaren Kriegsangriff auf China mit Hilfe unserer Adrian-Rakete", erwidert Sammy.

„Echt, zeig mal her", sagt Professor Scharf und kommt näher, um sich die E-Mail selbst durchzulesen. „Das wäre ja furchtbar!"

„Wir müssen etwas dagegen unternehmen", beschließt Sammy.

„Nützt ja nix! Es ist schrecklich, aber wenn die Regierung beschließt, Krieg zu führen, können wir nur Federn lassen", kapituliert Scharf, ehe er irgend etwas versucht hat. Dann dreht er sich um und verschwindet zur Tür raus.

Doch Sammy hat er damit gewiss nicht überzeugt. Es überlegt, ob es wirklich unmöglich ist, einen Krieg zu verhindern.

„Dass etwas unmöglich sein soll, das ist ja wohl kein Argument für einen Raketenbauer!", denkt sich Sammy. „Und schon gar nicht für mich! Ich will schließlich kein Spinnennetz im All bauen."

Es kopiert die Mail auf einen Stick, packt seine Sachen zusammen, fährt den PC runter und macht sich wie viele andere Tiere auf den Weg in den Feierabend.

Dabei grübelt Sammy weiter nach. Denn dieses Federvieh steckt den Kopf nicht in den Sand, sondern sucht immer weiter nach einer Lösung.

Doch der Schock über die Entdeckung sitzt tief. Richtig zittrig sind die dünnen Hühnerbeine geworden. So beschließt Sammy, sich erst mal auszuruhen und lässt sich mit aufgeplustertem Gefieder am Wegesrand nieder.

Kaum hat es sich hingesetzt, starrt Sammy mit leerem Blick vor sich hin. Es reagiert nicht, als ein Esel angetrabt kommt, der einen Windhund auf dem Rücken trägt. Ein Esel, kein Packesel, trägt eins der schnellsten Tiere der Welt? Das ist ein außergewöhnlicher Anblick! Mit einem plötzlichen Schrecken steht dem Hund eine wildfauchende, buckelnde Katze gegenüber – auch auf dem Rücken des Esels, der vor Schreck die Beine ausgestreckt anspannt!

„Was ist denn jetzt los?“, denkt Sammy noch und macht große Augen über das quieckende und jaulende Knäuel aus Esel, Hund und Katze ...

Da kann es schon nicht mehr anders und gackert lauthals los! Sammy lacht und gackert und lacht und gackert sich kaputt!

„Hilfe! Aufhören! Mein Bauch tut weh!“

Sammy lacht und gackert so heftig über seine bald drei neuen Freunde, dass es kaum noch Luft bekommt.

Es darf gerne mitgelacht und sich darüber gefreut werden, denn es gibt in dieser manchmal grausamen Welt nichts Schöneres als neue Freundschaften zu knüpfen ... Und das wird ohne Zweifel das Ergebnis dieses Zusammentreffens sein.

KAPITEL 5

Eine außergewöhnliche Bande

Esel, Hund und Katze stürzen auseinander. Pacco flüchtet hinter einen umgefallenen Baum und drückt sich flach auf den Boden. Lydia ist ins Gebüsch gehuscht; tier sieht von ihr nur noch die dick aufgeplusterte Spitze vom Katzenschwanz, die nervös zuckt. Nur Graubert, der Esel, kann sich nirgendwo verstecken. Er versucht es erst gar nicht, denn dafür ist er einfach zu groß. Stattdessen kauert er sich hin, steckt den Kopf zwischen die Beine und plustert sein Fell auf. Er hofft, dass man ihn schlichtweg mit einem grauen Felsen verwechselt. Das klappt natürlich nicht und

Sammy lacht sich wegen der gescheiterten Versteckversuche erst recht kaputt.

„Hi hi hi", gackert Sammy immer weiter. „Hi hi hi, mir tut der Bauch weh, hi hi hi, ha ha ha, ich kann nicht aufhören, ho ho ho, hi hi hi ...!"

Wenn man aufhören will, geht es nicht. Sammy lacht einfach immer weiter.

So langsam beruhigt sich der Puls von Graubert, Pacco und Lydia. Pacco erhebt sich als erster aus seiner geduckten Haltung und kratzt sich kurz hinterm Ohr. Auf wackeligen Beinen geht er zu Graubert, der gerade seinen Kopf wieder hervorgezogen hat. Pacco leckt ihm mit seiner Hundezunge einmal quer über die Schnauze.

„Alles ok, Graubi, es besteht keine Gefahr", beruhigt er ihn und auch sich selbst.

„Es ist nur ein gackerndes Hühnchen", beschwert sich Lydia, die sich, gerade aus dem Gebüsch gekrochen, das Fell putzt, um es wieder sauber und glatt zu bekommen. Nach dem, was sie am heutigen Tag erlebt hat, gefällt es ihr gar nicht, so ausgelacht zu werden, auch wenn gerade sie weiß, Lachen ist gesund. Aber sie fühlt sich immer noch mies.

Jetzt endlich gelingt es Sammy, mit dem Lachen aufzuhören und es holt ein paar Mal tief Luft. Dann gesellt es sich zu den anderen.„Vielen lieben Dank! Ihr habt mich gerettet! Ich habe heute etwas Schlimmes erfahren, was mich tief geschockt hat. Ihr habt mich aus dem schwarzen Loch befreit. Ich bin übrigens Sammy, das Huhn. Ich kann keine Eier legen, aber Krähen wie ein Hahn", stellt es sich den anderen vor.

„Oh, moin Sammy, von dir habe ich schon gehört", bemerkt Lydia. „Ich arbeite in der Tierklinik und bin dort schon mal gefragt worden, ob das möglich sei. Schön, dich kennen zu lernen."

„Danke, gleichfalls", erwidert Sammy.

„Da nich' für", antwortet Lydia. „Mir war heute auch was Schreckliches passiert bei der Arbeit und ich bin panisch weggelaufen. Ich bin wohl von der Mauer auf deinen Rücken gesprungen", wendet sie sich an Graubert und dann an Pacco: „Und dich habe ich für einen riesigen und blutrünstigen Monsterhund gehalten, wie ich ihm in meinen Albträumen immer wieder begegne. Darum habe ich mich so furchtbar erschrocken. Entschuldigt bitte! Tut mir wirklich leid."

„Ist schon in Ordnung. Wie heißt du eigentlich? Ich bin Graubert", stellt er sich vor.

„Ich heiße Lydia."

„Und ich bin Pacco und absolut kein Monsterhund", versichert er und zwinkert ihr freundlich zu.

„Du und Graubert, ihr kennt euch schon?", fragt Lydia.

„Auch erst seit zehn Minuten", bringt Graubert sich ein. „Pacco hat mich miteins umgerannt und ich bin auf ihn drauf gefallen. Hab ihn völlig geplättet. Ein Wunder, dass ich ihm nichts gebrochen habe!"

„Ich versuche ihm die ganze Zeit zu sagen, dass es wirklich nicht schlimm war. Aber er hat darauf bestanden, mich wenigstens ein Stück weit auf seinem Rücken zu tragen. Darum habe ich für dich dann wohl so riesig gewirkt …“, ergänzt Pacco.

Und sie haben ganz nebenbei ausgesehen wie die untere Hälfte der Bremer Stadtmusikanten von 1819 …

Sammy, dem es jetzt gelungen ist, sich von seinem Lachanfall zu beruhigen, will es noch genauer wissen: „Habt ihr einander denn gar nicht gesehen? Es hätte doch gereicht, wenn nur einer von euch aufgepasst hätte …“

„Ja, schon“, meint Graubert. „Aber heute war Betriebsversammlung und ich habe noch über ein paar Dinge nachgegrübelt. Da habe ich wohl den Kopf etwas hängen gelassen …“

„Ich bin schon länger nicht mehr vergnügt auf der Arbeit, das muss ich zugeben. Dann kam noch eine Meldung im Radio, über die ich mich sehr ärgere – und plötzlich bin ich in was Graues gerannt. Mehr weiß ich auch nicht, ich war einfach zu paddelich“, gibt Pacco zu. „Also irgendwie hat uns zusammengeführt, dass wir alle etwas Schreckliches bei der Arbeit erlebt haben. Das ist doch kein Zufall?!“

„Doch, das glaube ich schon“, meint Sammy. „Aber was wir jetzt daraus machen, sollten wir nicht dem Zufall überlassen.“

„Mich würde wirklich sehr interessieren, was euch passiert ist. Wie es bei euch auf der Arbeit ist. Sonst kommen die Tiere erst zu mir, wenn sie schon krank, verletzt oder deprimiert sind“, äußert Lydia.

So erzählen sich die vier Tiere gegenseitig ihre Geschichten und verhackstücken, was sie am heutigen Tag zusammengeführt hat. Sie merken, dass sie aneinander gute Zuhörer haben. Und mit jedem Wort wächst ihre Freundschaft.

Und jeder, der auf dem Weg an ihnen vorbei geht, denkt unwillkürlich: „Was für eine außergewöhnliche Bande – die sehen aus wie die Bremer Stadtmusikanten von 1819. Welche Räuber die wohl verjagen werden?"

KAPITEL 6

Wir brauchen einen Plan!

Als die vier Tiere fertig sind, sich ihre Erlebnisse zu erzählen, herrscht erst mal betretenes Schweigen. Kein Tier weiß so recht, was es sagen soll. Irgendwie ist alles ganz schön furchtbar. Zugleich sind sie froh, dass es den anderen ähnlich geht wie ihnen selbst. Das lässt die Selbstzweifel etwas verstummen, mit denen sie sich selbst die Schuld gaben für die jeweilige Situation.

„Mir ging es bisher immer gegen den Strich, mich zu beschweren", sagt Lydia. „Denn Jammern und Quengeln hilft nicht.

Weder im Krankenhaus, noch im sonstigen Leben. Wat mutt, dat mutt! Aber ich kann es jetzt nicht länger hinnehmen!"

„Mit Leine und Maulkorb fühle ich mich, als müsste ich mit den Wölfen heulen – aber ich will frei denken und mich nicht einer vorgegebenen Meinung anschließen, nur um Ärger zu vermeiden", äußert sich auch Pacco. „Die Welt muss doch nicht so grausam sein. Gibt es denn keine Alternative?"

„Aber ... sind wir da nicht selbst dran mit Schuld?", fragt Graubert. „Ich meine, ich bin doch auch kein Schnutenschnaker. Doch ich hab so gerne den Stahl gekocht, dass ich mir nicht genügend Gedanken darüber gemacht habe, dass seine Herstellung schädlich für die Natur sein könnte." Er ist von dieser Aussage selbst nicht überzeugt, aber er äußert sie trotzdem. Er weiß nie so recht, was er dagegen sagen soll und hofft, die anderen werden ihm was sagen.

„Das haben sie auch uns einzureden versucht", erwidert Pacco. „Und am Anfang habe ich es geglaubt. Hätten wir nicht so viel gemeckert wegen der Hundsrennbahn und nicht auch noch ein Rudelbegehren gestartet, wären sie nicht so vergrellt und gezwungen, uns Leine und Maulkorb anzulegen. Wegen der ‚Störung des Betriebsfriedens' könnten sie nicht anders für unsere ‚Sicherheit' sorgen. So ein Blödsinn! Sie geben uns einen Maulkorb, weil unsere Meinung ihnen nicht passt!"

„Ich hab es auch wirklich nicht gewusst", ergänzt Sammy. „Ich weiß, Dummheit schützt vor Strafe nicht. Nur bin ich nie weder gefragt, noch informiert worden, dass ich Kriegsgerät baue. Vielleicht hätte ich es wissen können. Und müssen! Aber jetzt, wo ich eure Erfahrungen kenne, die sich so sehr ähneln ... Entweder können wir jetzt jeder denken, es sei wirklich unsere Schuld. Muss ja was dran sein, wenn sich der Gedanke so oft wiederholt ..."

„Oder wir erkennen, dass uns unsere Bosse und der Senat das so denken lassen wollen", schlussfolgert Graubert erleichtert, denn die Antwort von Pacco und Sammy hilft ihm, selbst eine zu finden.

„Genau!", stimmt Sammy zu. „Das wollte ich damit sagen. Würde es ‚nur' um unsere Meinung gehen, das könnte ich schon noch irgendwie ertragen, falsch zu liegen oder alleine dazustehen. Aber es geht um alle Tiere. Um die Natur in der wir leben. Und dass all das nicht durch einen Krieg zerstört wird."

„Und um täglich nicht noch mehr kranke Tiere", ergänzt Lydia.

Da stehen sie nun beisammen, unsere vier neuen Freunde. Eigentlich sind sie vier quietschfideele Tiere, die gerne lachen, lieben und leben. Bisher kannten sie nur jeweils ihre eigene Geschichte, die sie sich entweder schön geredet oder sich selbst die Schuld für das gegeben haben, was nicht gut läuft.

Jetzt dämmert ihnen, dass das nicht richtig ist. Dass unsere Vier Gefühle der Resignation und Selbstzweifel hatten, obwohl Bosse und der Senat versagen. Sie versagen in einer schier endlos langen Liste. Die Folgen und sogar die Schuldgefühle geben sie an die hart arbeitenden Tiere weiter. Und nur, weil auch ein paar Dinge gut zu sein scheinen, wie Futter und Stall zu kriegen, gab sich tier damit zufrieden – bisher!

Aber zum Glück fangen unser Esel Graubert, unser Hund Pacco, unsere Katze Lydia und unser Huhn Sammy an, darüber nachzudenken und beizugehen, die Welt zu verändern ...

„Nein", erklärt Sammy seelenruhig und völlig überzeugt. „Es ist nicht unmöglich, die Welt zu verändern. Wir müssen nur herausfinden, WIE es geht. Schließlich bin ich Raketenbauer, ich weiß, was möglich ist."

„Ich weiß so was, ehrlich gesagt, nicht", gibt Pacco zu. „Aber ich will es wenigstens versuchen. Und dafür brauchen wir einen Plan! Denn einfach so losbuttjern und rumfuhrwerken, das bringt ja doch nichts. Es könnte uns sogar schaden, denn unsere Bosse können richtig gemein sein."

„Etwas besseres als dieses Leben jetzt werden wir nicht finden, wenn wir nicht anfangen zu handeln. Ich bin dabei!", erklärt Graubert zuversichtlich.

Der Esel in dem Märchen „Die Bremer Stadtmusikanten" hatte etwas ähnliches und doch ganz anderes gesagt. Ob Graubert das weiß?

„Bis das Leben so schlimm ist, dass es nur noch darum geht, etwas besseres als den Tod zu finden – so lange will ich nicht mehr warten." Ja, Graubert weiß es offensichtlich.

Lydia fragt: „Kennt ihr denn irgendwelche Erfahrungen? Wie sich mal jemand gewehrt hat? So könnten wir davon lernen."

„Also, ich bisher nicht", antwortet Pacco. „Oder wie meinst du das?"

„Ich meine, wenn ich junge Katzen zu Tierpflegern ausbilde, dann hängt das ja auch nicht nur von meinem Wissen und meinen Erfahrungen ab. Wir gucken gemeinsam in Bücher, beschnüffeln und verhackstücken Fälle und machen Seminare für Ausbilder. Vielleicht geht das in ähnlicher Weise auch, wenn tier die Welt gerecht machen will."

„Gute Idee", stimmt Sammy ihr zu. „Wir müssen das Rad vielleicht nicht neu erfinden."

Pacco ist plötzlich ganz aufgeregt und wechselt mit wedelndem Schwanz seine Haltung von Sitz zu Platz und umgekehrt. „Was für Geschichten kennst du, Sammy? Du hast doch bestimmt viele an der UNI studiert?"

„Mmh", überlegt Sammy. „Ich kenne schon ein paar Geschichten, in der sich Tiere gegen ihre Regierung wehren. Wir haben sie im Studium an der Senator-Treue-UNI behandelt, obwohl wir sie im Beruf ja gar nicht brauchen. Allerdings waren die Tiere alle nicht erfolgreich, glaube ich." Sammy versucht sich zu erinnern. „Mir fällt keine einzige erfolgreiche Geschichte ein ... warum nur?"

„Dich wundert, dass sie dir an der Senats - treuen - UNI keine Geschichte zu lesen geben, in der Tiere ihre Regierung erfolgreich verjagt haben? Und etwas, was du gebaut hast, hat es wirklich heil bis in den Weltraum und wieder zurück geschafft?", fragt Pacco mit einem schelmischen Grinsen im Gesicht, wie tier nur einen Freund auf den Arm nimmt.

„Tja, dann sollten wir uns Geschichten besorgen, die Sammy noch nicht kennt", schlägt Lydia vor.

„Moin, ihr Vier!", ruft ihnen einen vorbeigehender Waschbär freundlich zu. „Wisst ihr, dass ihr ausseht wie die Bremer Stadtmusikanten? So wie ihr da zusammen hockt, schmiedet ihr doch einen Plan, oder?"

Peinlich berührt kriegen die vier rote Ohren und dunkle Nasenspitzen, bringen jedoch kein Wort heraus.

„Da hab ich euch wohl auf frischer Tat ertappt, wie? Na, welche Räuber ihr auch verjagen wollt – es trifft mit Sicherheit die Richtigen!“, sagt der Waschbär und lacht fröhlich.

„Oh, was bin ich doch für ein Esel!“, kritisiert sich ausgerechnet Graubert selber. „Natürlich! Die Bremer Stadtmusikanten haben 1819 erfolgreich eine Bande Räuber aus dem Räuberhaus verjagt. Und dann haben sie sich selber dort eingenistet. Sogar ein zweites Mal haben sie das geschafft, als die Räuber zurückkommen wollten. Was für ein Esel! Warum bin ich da nicht gleich drauf gekommen? Danke, lieber Waschbär. Danke für deine tolle Idee!“

„Aber, aber, da nich‘ für“, winkt er ab. Er ist glücklich, dass er helfen konnte. „Passt nur gut auf, dass ihr nicht über einen s-pitzen S-tein s-tolpert“, mahnt der Waschbär noch ganz altklug. „Seht zu!“

Und wohl gelaunt macht er sich seines Weges.

KAPITEL 7

Der Teufel steckt im Antimusikantentum

Die Bremer Stadtmusikanten? Wirklich?“, fragt Sammy skeptisch. „Im Studium wurde aufgedeckt, wie egoistisch die waren. Sie haben sich einfach genommen, was ihnen gar nicht gehört hat. Singen konnten sie überhaupt nicht, oder ihr kennt ihr etwa auch nur ein Lied von ihnen? Und am Ende, als es im Räuberhaus nichts mehr zu finden gab, haben sie sich gegenseitig aufgefressen. So war das.“

Graubert, Pacco und Lydia starren Sammy mit weit aufgerissenen Augen verdattert an. Die Stadtmusikanten sollen Kannibalen gewesen sein?

„Sammy, das waren doch Räuber, die sie verjagt haben. Ihnen hat doch selbst nichts rechtmäßig gehört", wendet Lydia ein.

„Ja, und was sie geraubt haben, wurde von Tieren wie Eseln, Hunden, Katzen, Hühnern und vielen anderen erarbeitet. Die Bremer Stadtmusikanten haben sich das doch nur zurück geholt", weiß Graubert zu sagen.

„Welche Lieder sie gesungen haben, wissen wir wirklich nicht. Aber deswegen kann man doch nicht einfach was behaupten! Und Tierfresser? Das ist doch wirklich eine verlogene Gräuelgeschichte ...", meint Pacco.

Graubert und Lydia nicken. Sammy guckt verzweifelt.

„Kann es nicht sein, dass sie dir im Studium diese Gruselgeschichte erzählt haben – und es vielleicht auch bei anderen Geschichten so gemacht haben – damit kein Tier auf die Idee kommt, es nachzumachen?", fragt Lydia nachsichtig.

„Also ... Antimusikantentum. Das ist eine gute Eselsbrücke", sinniert Graubert.

„Wat zum Dübel is' Antimusikantentum?", regt sich Sammy auf einmal auf. „Du kannst doch nicht einfach ein Wort erfinden! Ich kann mir das nicht vorstellen. Im Studium war es immer ganz wissenschaftlich. Die haben nicht einfach Geschichten verdreht, wie es ihnen in den Kram passte."

„Nein, wir beschnüffeln nur unsere Erfahrungen, die wir mit den Bossen und dem Senat gemacht haben", erwidert Lydia. „Denk doch mal an die E-Mail, die du bekommen hast."

Das lässt Sammy verstummen und nachdenken. „Graubert hat recht“, denkt es. Aber es tut weh, dass es über so viele Jahre diese Geschichten geglaubt hat. Nur einen Nachmittag mit Bremer Schnack über Erlebnisse und Geschichten lässt auf einmal das ganze Kartenhaus einstürzen. Doch wenn es so leicht umzuwerfen ist, muss es schon vorher einsturzgefährdet gewesen sein.

Da steckt Sammy seinen Kopf unter einen Flügel und schämt sich einen Moment lang.

Doch dann zieht es den Kopf schon wieder hervor und guckt seine neuen Freunde an.

„Ich hab‘s ihnen geglaubt“, sagt Sammy leise.

„Wir doch auch“, sagt Lydia sanft.

Dann rücken die vier eng zusammen und kuscheln sich eng und solidarisch aneinander.

„Wichtiger ist, jetzt sind wir uns gewahr geworden“, tröstet Pacco – nicht nur Sammy, sondern auch sich und die anderen.

„Bei dieser Geschichte, ja. Aber wie finden wir es woanders raus?“, gibt Graubert zu denken.

„Kann man das nicht irgendwie nachprüfen?“, fragt Pacco. „Wir sollten noch mehr Tiergeschichten lesen und genau beschnüffeln. Uns erst richtig schlau machen, bevor wir uns einen Plan ausdenken.“

„Das klingt nach einem guten Plan für einen guten Plan“, sinniert Graubert schon wieder.

„Ich schlage vor, wir besorgen uns möglichst viele solcher Tiergeschichten über Musikantentum. Für die Ausbildung bin ich sowieso öfter in der Bibliothek. Mir fällt schon was ein, warum ich sie brauche“, bietet Lydia an.

„Ich komme mit dir“, sagt Graubert. „Ich bin gerne in der Bibliothek.“

„Du?“, fragt Sammy verwundert.

„Klar. Oder glaubst du, Stahlkocher lesen nicht gerne? Was meinst du, warum es Eselsohr heißt? Wir sind in allen möglichen Büchern zu finden …“

„Können wir das bitte gerade außen vor lassen“, bittet Pacco. „Wir sollten uns für unsere Leseschnüffelzeit einen ungestörten Ort suchen. Wir fallen hier auf wie bunte Hunde. Und wegen dem Anti-Musikantismus wäre es besser, wenn wir es nicht in aller Öffentlichkeit tun.“

„Ach was“, empört sich Graubert mit altem Selbstvertrauen. „Der Waschbär klang doch sehr begeistert von den Bremer Stadtmusikanten. Ich verstecke mich nicht!“ Während er das sagt, stellt er sich in voller Größe auf seine Hinterbeine.

„Den Bossen und dem Senat gefällt es bestimmt nicht, was wir hier tun“, sagt Lydia. „Ich finde Paccos Idee gut.“

Und Sammy ergänzt: „Wenn die sich die Mühe machen, einer ganzen UNI verdrehte Geschichten aufzutischen, ist der Vorschlag wohl wirklich nicht verkehrt.“

„Na, gut. Schade“, räumt Graubert ein.

Somit einigen sich die Vier auf ein vertrauliches Treffen und machen für den nächsten Nachmittag einen Treffpunkt aus, den sie sich leise zuflüstern. Dabei stecken sie ganz nah die Köpfe zusammen und gucken verschwörerisch.

Der Waschbär, der ja ganz in der Nähe wohnt und gerade auf dem Rückweg wieder an ihnen vorbeikommt, sieht das. Er grient in sich hinein und nickt. Dann geht er fröhlich pfeifend weiter. Denn er weiß jetzt, dass die Zukunft Großes bringen wird ...

„Das ist alles ganz schön viel“, äußert Pacco noch. „Früher sind die Bremer Stadtmusikanten einfach losgezogen. Heutzutage geht das nicht mehr. Um Musikant zu werden, muss tier Bücher wälzen und Antimusikantentum überwinden...“

„Stimmt. Aber es wird sich lohnen“, glaubt Graubert. „Wir dürfen nur nicht aufgeben!“

Dann trennen sich unsere vier Freunde erst einmal.

KAPITEL 8

Eine gut aufgetischte Lüge

Graubert, der Esel, und Lydia, die Katze, treffen sich noch etwas früher als die anderen. Sie machen sich zu zweit auf den Weg in die Stadtbibliothek. Sie ist in einem Altbremerhaus untergebracht, das unter Denkmalschutz steht. Sogar eine eiserne Skulptur der Bremer Stadtmusikanten steht in der kleinen Eingangshalle.

Lydia geht geradewegs auf die Regale mit der Tiermedizin zu. Graubert folgt ihr.

„Glaubst du, hier werden wir die Geschichten finden, die wir brauchen?"

„Nein", antwortet Lydia, „aber immer wenn ich hier bin, nehme ich Tiermedizinbücher mit. Es fällt weniger auf, wenn ich das heute auch tue. Und eins davon brauche ich wirklich."

„Was für eins?", fragt Graubert.

„Über Schildkröten", erzählt Lydia. Wir haben eine, die sich vor Schreck in ihren Panzer zurückgezogen hat. Dabei hat sich ein Stock in ihr Bein gebohrt und sie hat sich komplett verdreht. Jetzt kommt sie von allein nicht mehr raus, hat Schmerzen und bekommt so langsam Platzangst da drin."

„Oh, was es alles gibt." Graubert ist erstaunt. „Ich hoffe, du kannst ihr helfen."

„Ja, das hoffe ich auch!"

Lydia zieht ein dickes Buch aus dem Regal. Auf dem Einband steht: „Über in sich verlaufene Panzertiere". Dann wählt sie noch drei weitere Bücher aus und gibt Graubert ein Zeichen, dass sie fertig ist. Dann laufen sie durch die Gänge, die voll sind mit unglaublich vielen Büchern. Sie gehen in die Abteilung Tiergeschichte.

Und dann suchen sie gezielt nach Büchern und nehmen mit, so viel sie tragen können. Dicke, dünne, große und kleine Bücher, Sammelbände und Einzelgeschichten. Sie alle handeln von Musikanten, von schlauen und mutigen Tieren. Mit dabei ist auch ein dünnes Büchlein über die Bremer Stadtmusikanten. Damit gehen sie zum Bibliothekstresen. Dort wird genau aufgeschrieben, welche Bücher ausgeliehen werden und von wem, damit kontrolliert werden kann, ob sie auch wieder zurück gebracht werden. Mit einem Pfotenabdruck steht Lydia für jedes einzelne Buch gerade.

Heute sitzt dort am Tresen die schon etwas abgelebt aussehende Grauschleiereule Annegret. Ihr graues Federkleid wirkt sehr altbacksch und über den Rand ihrer Brille blickt sie jeden Bibliotheksbesucher streng an. So traut sich niemand, auch nur einen Mucks zu machen. Jetzt mustert sie Lydia.

„Ja, was wollen Sie denn mit so vielen Büchern, Katze Lydia? Die über Tiermedizin weiß ich ja, wegen Ihrem Beruf. Aber die ganzen anderen?“, fragt die Bibliothekseule streng und auch deutlich zu neugierig.

„Ach, ich will mal was ausprobieren für die Ausbildung der neuen Krankenpflegerkatzen. Sie sollen mir beantworten, wie sie die verletzten Tiere in den Geschichten versorgen würden“, kommt Lydia wie ein Geistesblitz die rettende Idee in den Sinn, die sie selbst richtig gut findet. „Vielleicht macht ihnen das mehr Spaß als die trockenen Lehrbücher durchzuarbeiten. Tja, und ich weiß noch nicht, welche Geschichten sich überhaupt eignen. Ich brauche ja auch die verschiedenen Verletzungen und Krankheiten.“

„Ah, ja. Das ist tatsächlich eine gute Idee“, und sie blickt Lydia für einen kurzen Moment tatsächlich einmal freundlich an. „Da wünsche ich Ihnen viel Erfolg.“

„Oh, danke“, antwortet Lydia verlegen.

Dann nimmt die Bibliothekseule Annegret ihre Brille ab, beugt sich zu Lydia vor und fragt mit leiser rauer Stimme: „Aber was wollen Sie denn mit dem dummen Packesel bei Ihnen?" Dabei setzt sie einen eindeutig missbilligenden Blick auf.

Da beugt sich auch Lydia noch ein Stück vor und sagt verschwörerisch, wobei ihre Ohren verräterisch zucken: „Keine Sorge, diesen wirklich einfältigen Kerl nutze ich als Packesel. Schließlich habe ich keine Lust, die Bücher selber zu schleppen. Damit würde ich mir nur mein Fell und meine Krallen ruinieren."

Nach diesen Worten mustert Annegret Graubert noch einmal von oben bis unten. Dieser guckt – entsetzt wegen Lydias arroganten Worten – gerade tatsächlich ziemlich dumm aus der Wäsche. Damit bestätigt er Lydias Geflunker ungewollt und die Grauschleiereule nickt zufrieden. Dann setzt sie ihre Brille wieder auf.

„Dann wünsche ich Ihnen ein schönes Lesevergnügen." Und lauter: „Der nächste!"

Als unsere beiden Freunde wieder draußen und alleine sind, sagt Graubert zu Lydia: „Also irgendwie war das da drinnen nicht sehr nett von dir …"

Woraufhin Lydia stehen bleibt und unmissverständich klar stellt: „Entschuldige. Aber alles was ich ihr über dich gesagt habe, war nur eine gut aufgetischte Lüge, und zwar von vorne bis hinten. Auf keinen Fall soll jemand ahnen, was wir vorhaben!"

Und weil Graubert nun wirklich kein dummer Packesel ist, versteht er das sehr gut und freut sich. So tragen die beiden gemeinsam die Bücher zum Treffpunkt; Lydia trägt die eine Hälfte gestapelt auf dem Rücken; Graubert, der auf den Hinterbeinen geht, die andere Hälfte unter seinem linken Vorderbein, mit dem rechten sorgt er dafür, dass der hohe Bücherstapel von Lydia nicht seitlich runter rutscht. Sie sind schon ein lustiges Pärchen, das ungewollt eben doch auffällt. Viele Tiere, an denen sie vorbei kommen, drehen sich erfreut und ein wenig belustigt nach ihnen um.

KAPITEL 9

Der Bremer Schlüssel zur Welt der Tiere

In der Gartenlaube einer kleinen Parzelle am Werdersee treffen sich die vier Tiere wieder. Pacco und Sammy haben schon alles vorbereitet. So hat jedes Tier einen guten Platz, um in den Büchern schnüffeln zu können. Auch für ausreichend Wasser und etwas Futter ist gesorgt.

Pacco wedelt vor Freude mit dem Schwanz als Graubert und Lydia eintreffen und die großen Bücherstapel abladen.

„Boah, sind das viele! Ich bin echt gespannt!", zappelt Pacco vor den Büchern hin und her.

„Pacco, jetzt sitz' mal bitte still. Du machst mich ganz nervös", bittet Graubert.

Pacco setzt sich hin, aber sein Schwanz schlägt immer noch aufgeregt hin und her.

„Lasst uns jeder ein paar Bücher vornehmen und wenn wir was Interessantes finden, lesen wir es den anderen vor und sprechen dann darüber", schlägt Sammy vor. So machen es unsere vier Freunde dann auch.

Wochenlang treffen sie sich immer wieder, lesen Bücher und Geschichten, um sie dann miteinander zu diskutieren. Und sie entdecken gemeinsam einen Schatz an Geschichten der Tierwelt. Und so haben sie ihn schließlich gemeinsam gefunden:

Den Bremer Schlüssel zur Welt der Tiere!

A. LYDIA UND DIE GESCHICHTE VOM DRACHEN

„Ich weiß schon gar nicht mehr, wie oft ich im Klinikum als Gute-Nacht-Geschichte die vom bösen Drachen und vom Prinzen gehört habe", sagt Lydia. „Und jetzt hört euch das an:

Die Geschichte vom Drachen

Es war einmal eine Prinzessin. Nadja war ihr Name. Sie hatte langes, leicht gewelltes braunes Haar, ein freundliches Gesicht mit einem leicht schelmischen Lächeln und einer schlanken Figur, aber nicht zu dürr. Sie lebte glücklich in ihrem Schloss. Sie hatte alles, was sie brauchte, viele Freunde im Königreich und ihre liebste Schwester Nicole, die immer in ihrer Nähe war. Doch dann kam der gefürchtete Tag, der alles verändern würde.

„Prinz von Hohenstiefel wird dich zur Frau nehmen", verkündete ihr Vater mit tiefer Stimme. „Ihr werdet König und Königin im Hohenreich sein. Das ist zwar weit weg von hier, aber so lautet deine Bestimmung."

Nadja brach in Tränen aus. „Auf keinen Fall will ich hier weg! Und ich will auch keinen Prinzen heiraten, den ich nicht mal kenne. Wie kannst du mir das antun?"

Doch ihr Vater ließ sich nicht erweichen. So rannte sie in ihr Zimmer und heulte und schluchzte. Es war so herzzerreißend, dass alle Tauben auf den Schlossdächern es hörten. Sie hörten auch, wie Nadja immer wieder ihr Schicksal verfluchte.

Tauben sind wie alte Tratschtanten. Sie verbreiteten diese Nachricht weit und breit. Und schließlich erreichte sie den liebenswerten, feuerspuckenden Drachen André. Er fand das alles so traurig, dass er sich ohne Nachzudenken auf den Weg zu Nadja machte. Es war schon fast dunkel, aber sie saß immer noch am offenen Fenster und schluchzte.

„Hallo, kleine Prinzessin. Bitte erschrick nicht vor mir", sagte der Drache.

„Hallo. Nein, warum sollte ich mich vor dir erschrecken?", fragte Najda.

„Na, weil ich so groß bin, feuerspucken kann und unangemeldet vor deinem Fenster fliege“, antwortete André. „Ich habe von deiner Geschichte gehört und möchte dir helfen.“

„Helfen? Wie denn?“

„Bevor der Prinz kommt und dich abholen will, könnte ich dich wegfliegen und eine Weile in einer Höhle auf einem Berg verstecken. Bis er wieder weg ist und du zurück kannst.“

„Nur, das müsste jetzt sofort sein. Denn er kommt schon morgen“, erklärt Nadja.

„Okay, kein Problem. Wenn du hier auf das Fensterbrett steigst, kannst du von da aus auf meinen Rücken klettern und mit mir davon fliegen. Ich bin auch ganz vorsichtig.“

„Oh, wie schön! Warte noch kurz, ich muss nur noch was erledigen ...“ Mit diesen Worten drehte sie sich um, nahm ein Stück Pergament, eine Feder und schrieb:

„Liebes Schwesterherz Nicole!

Mach‘ dir bitte keine Sorgen. Wenn der Prinz weg ist, komme ich zurück!

Herzlichst, deine Nadja“

Sie steckte das Stück Pergament in ein Buch, das die beiden Schwestern schon öfter benutzt hatten, um private Botschaften auszutauschen, die niemanden etwas angingen. Dann stieg sie aufs Fensterbrett.

Nur leider, leider hat ein Diener ihres Vaters zufällig gesehen, wie die beiden wegflogen und er schlug sofort Alarm. Das ganze Schloss war in heller Aufregung, doch niemand wusste, was zu *tun war. Und als das der Prinz von Hohenstiefel am nächsten Morgen erfuhr, kochte er vor Zorn.*

„Die Prinzessin wurde mir versprochen, sie ist mein Eigentum und wird meine Braut! Ich hol' sie mir zurück, auch wenn ihr es nicht könnt!"

Wütend nahm er sich sein Pferd und ritt geradewegs in die Berge. Er kannte sich mit Drachen aus, ihre bevorzugten Verstecke und wie sie zu besiegen waren. Er suchte fast den ganzen Tag lang und schließlich fand er sie. Da sich André um die Prinzessin sorgte, hatte er den Kopf zu ihr in die Höhle gesteckt und hörte auch nicht auf die Tauben, die versuchten, ihn zu warnen. Er brachte Nadja gerade einen ganzen Ast von einem Apfelbaum, an dem viele reife, leckere Äpfel hingen, so dass sie etwas zu Essen hatte.

„Danke, lieber André, das ist lieb von ... hey, was ist ...?"

André war plötzlich vor ihr zusammengesackt. Ein Schwert steckte tief in seinem Rücken. Es hatte ihm das Herz durchbohrt. Und dann tauchte Prinz von Hohenstiefel hinter ihm in der Höhle auf.

„Ich habe dich aus der Gefangenschaft dieses feuerspuckenden Monsters befreit! Und jetzt bringe ich dich nach Hause!"

Traurigkeit und Schuldgefühle wegen André machten Nadja unfähig, sich zu rühren und zu wehren. Prinz von Hohenstiefel nahm sie und reiste sofort mit ihr ab – natürlich nicht ohne sich vom König noch den Titel als Helden zu sichern – so dass sich aber unsere beiden Schwestern nie mehr wiedersahen. Nur das Stück Pergament blieb Nicole als Erinnerung an ihre Schwester.

Und wenn sie nicht gestorben sind, so leben sie noch heute – unglücklich bis an ihr Lebensende.

„Oh, mein Gott, Lydia, das ist ja eine furchtbar traurige Geschichte“, schnieft Graubert. Schnell versteckt er sogar eine kleine Träne, die aus seinem Auge kullert.

„Am schlimmsten ist doch, dass der Drache gar kein Monster war, wie immer erzählt wird, sondern der wahre Held, der die Prinzessin vor der Zwangsheirat retten wollte“, meint Pacco.

Graubert nickt und schnieft noch mal.

„Na ja, ein nicht sehr schlauer Held, wenn er sich so leicht erstechen lässt“, findet Sammy.

„Ja, das stimmt“, sagt Lydia. „Er hätte auf die Tauben hören sollen, statt es alleine zu versuchen. Das Feuerspucken reicht halt nicht aus, wenn tier sich nicht auch Hilfe organisiert.“

„Wie schön, dass ich euch habe“, schnieft Graubert schon wieder. Den hat‘s wohl echt erwischt mit dieser Geschichte ...

B. PACCO UND DAS GEMEINE BIESTLEIN

„Ich habe eine Fantasy-Geschichte gefunden. Ich finde sie ganz schön gruselig“, fängt Pacco mit seiner Geschichte an, die er den anderen vorlesen möchte. „Aber ich weiß nicht, ob sie uns wirklich weiterhilft.“

„Schieß einfach los“, fordert Sammy ihn auf.

„Okay...“

Das gemeine Biestlein

Es war einmal ein gemeines Biestlein. Es gehörte zu den Räubern der Tierwelt und nannte sich Markela. Dass es ein gemeines Biestlein war, ahnten nur wenige. Die meisten ließen sich blenden, denn das Biest war schlau und strahlte Ruhe aus. Wie kein anderes Biest verstand es, die Tiere an der Nase herum zu führen. Es tat einfach so, als würde es sich um nichts mehr sorgen, als um das Wohl aller Tiere. So wurde sie schließlich zum höchsten Tier gewählt, das die notwendigen Abläufe der Tierwelt regelte – so, wie es das Biest für richtig hielt und das beste Futter, beste Unterkunft und der beste Auslauf abfiel für sich und alle Bosse und Räuber im Land. Dass dabei doch eigentlich große Ungerechtigkeit entstand, merkten die Tiere durchaus. Aber das Biest beruhigte sie jedes Mal und erklärte, es werde sich wie immer darum kümmern. Es änderte dann auch wirklich jedes Mal etwas. Es gab kleine Verbesserungen im Land, sie verteilte Leckerlies an Jungtiere, sorgte für mehr Parks und so weiter. Das gab den Tieren kurzzeitig ein besseres Gefühl. Doch die Ungerechtigkeit blieb.

Eines Tages, die Tiere waren gerade aus ihrem Winterschlaf erwacht, wurde in der Tierwelt eine neue grauenvolle Krankheit bekannt. Plötzlich starben Tiere. Vor allem alte oder schon kranke Tiere, aber auch ein paar Junge. Immer schneller verbreitete sich die Krankheit und noch schneller der Schrecken. Die Tiere bekamen schreckliche Angst; sie wollten nicht sterben oder – noch schlimmer – ihre Artgenossen leiden und sterben sehen! Die Tiere beklagten sich. Und manche, die den Worten des gemeinen Biestes bisher geglaubt hatten, forderten es auf, sich darum zu kümmern.

„Am sichersten ist es, wenn Tiere voneinander Abstand halten", verkündete Markela. „Seid solidarisch und lasst stets vier Schwanzlängen Abstand zwischen euch. So schützt ihr euch gegenseitig, denn kein Tier kann sich so bei einem anderen anstecken."

Das war richtig und alle Tiere verstanden, wie sinnvoll es war. Sie versuchten, sich von nun an daran zu halten. Doch nicht immer war das so einfach. Manche Wege waren zu eng, manche Ställe zu klein, an den großen Futternäpfen kamen viele Tiere täglich zusammen. Und die Tiere litten auch an der fehlenden Körperwärme, froren nachts und fühlten sich einsam.

Auch Markela war unzufrieden. Irgendwie hatte sie noch keinen Vorteil aus der Situation für die Bosse und für sich gezogen. Auch ging ihr der ständige Schrei, das Gejaule und Gebelle nach Gerechtigkeit in der Tierwelt tierisch auf die Nerven. Also entschloss sie sich zu weiteren Maßnahmen. Eine ganze Liste gab sie heraus:

1. Völlige Kontaktsperre, keine Besuche fremder Tiere mehr in anderen Ställen.

2. Keine Rudel- oder Herdenbildung mehr, vor allem keine Tierkonzerte.
3. Auch draussen dürfen nicht mehr als drei Tiere zusammen stehen – auch nicht mit Abstand. Kein Protestbellen mehr.
4. Es darf keine Reisen mehr geben, keine Fernbesuche mehr.
5. Wer sich nicht dran hält oder wer dessen verdächtigt wird, der muss im Stall bleiben mit Leine und Maulkorb.
6. Manche Berufstiere, bei denen kein Abstand möglich ist, haben solange keine Arbeit und müssen im Stall bleiben.
7. Auch wenn euch z.B. die Dressurschule selbst gehört, muss sie geschlossen bleiben – es sei denn, die Fabrik gehört einem der ganz großen Bosse, denn ihre Fabriken sind tierweltrelevant.

Wer gegen eine dieser Regeln verstößt, bekommt einen Tag lang kein Futter. Wer dann noch mal gegen eine Regel verstößt, bekommt zwei Tage kein Futter. Und immer so weiter. Beim 7. Mal verliert tier seinen Platz im Stall bzw. Gehege.

Das war bitter für die Tierwelt. Hätte das gemeine Biest, das alles ohne beängstigender, sich rasand verbreitender Krankheit veranlasst, hätte die Tierwelt wohl offen dagegen rebelliert. Immer verbunden mit Schreckensmeldungen wurden die sieben Punkte aus der Liste nach und nach erlassen.

Markela war so stolz auf seine Untaten, dass es sich – wie einst das tapfere Schneiderlein – eine Schärpe aus Seidentuch und mit goldenem Rand nähen ließ mit der Aufschrift:

„Sieben auf einen Streich!“

Mit dieser Schärpe um den Hals erledigte es von nun an alle seine Aufgaben und wurde dafür von Bossen und Räubern bewundert und verehrt.

„Oh weh, das ist ja eine wirklich schreckliche Geschichte!“, findet Lydia. „Hoffentlich wird es nie so eine Krankheit geben …“

„Das glaube ich nicht“, meint Sammy. „Es ist doch wirklich nur Fantasy. Und damit ist gemeint, dass es nicht wahr ist. Und sieben Tierrechte auf einmal einschränken – so ein gemeines Biestlein kann es nun wirklich nicht geben, oder?“

„Lehrreich finde ich allerdings“, wirft Graubert ein, „wie es das gemeine Biestlein versteht, ihre Pläne vor den Tieren zu verstecken oder sogar als gut darzustellen. Das erinnert doch stark an unseren Senat, findet ihr nicht auch?“

„Mmh, stimmt“, gibt Sammy zu. „Wie soll tier das aber immer durchschauen? Und falls tier es durchschaut – was soll es dann tun? Wie in der Geschichte: sich einfach nicht dran zu halten, hätte der Krankheit geholfen, sich zu auszubreiten …“

„Ja, sie wirft viele Fragen auf. Wir werden sehen, was wir damit anfangen können für unseren Plan“, schließt Pacco die Diskussion zu dieser Geschichte erst einmal ab.

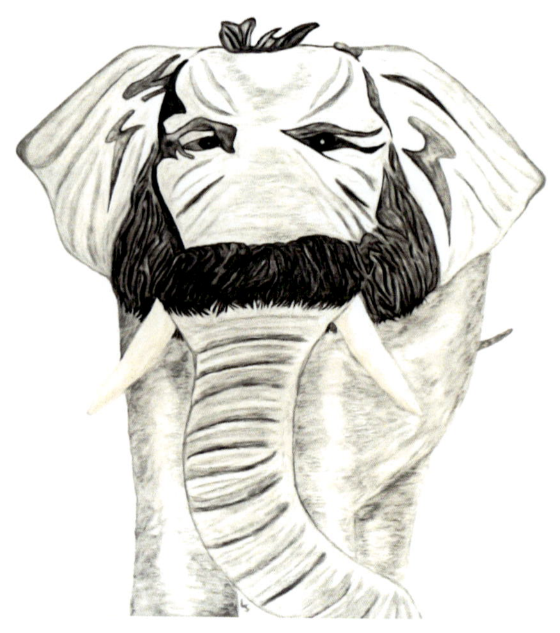

C. GRAUBERT UND DAS GESPENST DER MUSIKANTEN

Graubert greift sich aus einem umgekippten Bücherstapel das dickste Buch. Es ist ein Märchenband, das vermutlich noch neue Geschichten enthält. Als er es aufschlägt, fällt ihm ein kleines Büchlein entgegen. Es steckte zwischen den Seiten und hat keine Signatur der Bücherei, von wo sie die vielen Bücher ausgeliehen haben.

„He, seht mal, was ist das denn?", holt Graubert sich die Aufmerksamkeit seiner Freunde.

„Das Manifest der Musikantenbande", liest Sammy vor. „Kenne ich nicht."

„Oh, Achtung, ich glaube, das ist gefährlich", warnt Pacco.

„Quatsch. Wegen einem Buch hat noch kein Tier in die Tierklinik gemusst. Es zu lesen, kann gar nicht gefährlich sein", widerspricht Lydia.

„Nee, nee. Ein Kollege hat das mal auf der Arbeit gelesen. Als es einer der Wachhunde entdeckte, haben sie ihn weggeschickt. Seitdem findet er keine Arbeit mehr", berichtet Pacco.

„Na, dann lese ich das jetzt erst Recht!", entgegnet Graubert.

Das Manifest der Musikantenbande

Ein Gespenst geht um – das Gespenst der Musikanten. Alle Mächte der alten Räuberhäuser, alle Bosse und Räuber, haben sich zu einer heiligen Hetzjagd gegen dieses Gespenst verbündet.

Es ist hohe Zeit, dass die Musikanten ihre Anschauungsweise, ihre Zwecke, ihre Ziele vor der ganzen Welt offen darlegen und dem Märchen vom Gespenst der Musikanten ein Manifest der Musikantenbande entgegen stellen.

Kein Arbeitstier soll mehr fürchten, von seinem Herrchen geschlachtet oder in den Kochtopf geworfen zu werden. Es soll nicht länger alleine sein, nicht draußen im Wald frieren oder hungern.

Von Zeit zu Zeit siegen die Musikanten, verjagen die Räuber und finden ein gutes und sicheres Zuhause im eroberten Räuberhaus – doch das ist nur vorübergehend. Das eigentliche Ergebnis ihrer Kämpfe ist nicht der unmittelbare Erfolg, sondern die immer weiter um sich greifende Vereinigung der Arbeitstiere, wenn z.B. Esel, Hunde, Katzen und Hühner sich zusammenschließen, über ihre Tierarten hinweg, in einer Bande.

Die Musikanten arbeiten endlich überall an der Verbindung und Verständigung der Musikantenbanden aller Länder.

Mögen die Bosse und Räuber vor einer musikalischen Revolution der Tierwelt zittern. Die Musikanten und alle unterdrückten Arbeitstiere haben nichts zu verlieren als ihre Leinen und Maulkörbe. Sie haben eine Welt zu gewinnen.

Musikanten der Tierwelt, vereinigt euch!

„Boah, krass! Das ist ja wie für uns geschrieben!“, bellt Pacco erfreut. Bei dem Gedanken, auf dem richtigen Weg zu sein, tatsächlich Leinen und Maulkörbe loszuwerden, ist er ganz aufgeregt und optimistisch.

„Wer hat das geschrieben?“, fragt Lydia neugierig.

„Hier ist ein Bild von einem dicken Elefanten mit grauem Vollbart. Kalle Max steht da. Und hier sind auch noch handschriftlich drei Zitate von ihm hingeschrieben:

- *„Selbst die ganze Tierwelt ist nicht Eigentümer der Erde, sie ist nur ihr Nutzer und hat sie den nachfolgenden Jungtieren verbessert zu hinterlassen."*
- *„Die Philosophen haben über die Tierwelt nur nachgedacht; es kommt aber darauf an, sie zu verändern."*
- *„Erst im Rudel, in der Herde, der Hühnerschar … erst im Team wird die Freiheit des einzelnen Tieres möglich sein."*

„Aber er war doch nie in Bremen, doch es scheint, als würde er die Bremer Stadtmusikanten kennen", wundert sich Graubert, nachdem er noch mal kurz überflogen hat, was er gerade vorgelesen hat.

„Ich weiß, warum!", ruft Pacco vor Freunde mit dem Schwanz wedelnd. „Mein Kollege hat es mir damals erzählt, aber ich hatte es wieder vergessen: Friedrich, der schlaue Fuchs, war der beste Freund von Kalle Max. Und der lebte 1838 bis 1841 in Bremen, in der Martinistraße. Das war zwar 20 Jahre nach den Bremer Stadtmusikanten, aber er hat hier bestimmt von ihnen gehört."

„Moment, ich hab hier ein Buch über Bremen, wo ein Brief von ihm abgedruckt ist, weil er sich 1841 zur Stadt äußerte", bringt Lydia ein. „Der schlaue Fuchs Friedrich schrieb seinem Freund:

„Es lässt sich nicht leugnen, dass Bremen durch seine Lage und seine politischen Verhältnisse zu einem Mittelpunkt für die Bil-

dung des nordwestlichen Deutschlands mehr als jede andere Stadt sich eignet. (...)

Die beste Seite Bremen ist die Musik. Es wird in wenig Städten Deutschlands so viel und so gut musiziert wie hier!"

„Ganz klar: Der meint die Bremer Stadtmusikanten!", schlussfolgert Lydia.

„Und das hat er dann Kalle Max erzählt, der – unter anderem von den Bremer Stadtmusikanten inspiriert – sieben Jahre später das „Manifest der Musikantenbande" fertig geschrieben hat", meint Pacco und Graubert nickt.

„Na ja, ob das wirklich genau so war, werden wir vielleicht nicht beweisen können, aber es könnte sein ... So oder so – wir sollten uns die Bremer Stadtmusikanten, den schlauen Fuchs Friedrich und den Elefanten Kalle Max als Vorbilder nehmen", meint Sammy.

Und unsere vier Freunde sind stolz, Teil einer so wichtigen Sache zu sein.

D. SAMMY UND DER DICKE HENGST

„Ich habe hier ein Antrag für eine neue Bremer Statue“, macht Sammy die anderen neugierig. „Hört her!“

Antrag zur Aufstellung einer Statue

Antrag zur Aufstellung einer Statue vom dicken Hengst genannt ***„Kugelblitz“***

Antragsteller: *Fußball-Fanclub Werder*

Ort der Aufstellung: Ulrichsplatz, Bremen

Begründung: *Dem beliebten Fußballhengst mit Namen Kugelblitz zu Ehren soll eine Statue aufgestellt werden. Sie soll dort stehen, wo auf dem Weg zum Weserstadion viele feiernde Fußballfan-Tiere vorbeikommen. Kugelblitz steht nicht nur für erstklassigen Fußball, sondern im Besonderen für Teamgeist, Bescheidenheit und Ehrlichkeit. Er stammt aus Brasilien und lebt heute in Bremen.*

Anhänge

Tore insgesamt: 205 *(in Ligaspielen)*

Davon:

88 *bei* Werder Bremen (1. Bundesliga, 1998-2004)

3 *bei* FC Oberneuland (6. Bundesliga, 2010-2011)

Tore in Spielen gegen Werder Bremen: Nur 1 *und auch nur aus* Versehen...

Interviews mit Werder-Fans:

„Der Kugelblitz, der ist schon ein Brocken! Rund und dick, tier weiß nicht wie, aber er ist verdammt schnell mit dem Ball! Ein Talent!"

„Der ist einfach immer sauehrlich, auch wenn es dumm klingt." „Warum klingt es dumm?" „Na, weil es manchmal dumm ist."

„Traurig, als er Bremen für einige Jahre verließ. Aber er schoss daneben, wenn's gegen das Bremer Tor war... Was tier nicht will, dass will tier einfach nicht."

„Ich könnte ihm den ganzen Tag zugucken, wenn er Fußball spielt. Ach was, das ganze Jahr lang. Ich würde wahrscheinlich meinen Winterschlaf verpassen!" (Lacht.)

„Der Kugelblitz gehört zu Bremen wie die Bremer Stadtmusikanten. Das ist ganz einfach so."

Urteil vom Bremer Senat:

Abgelehnt!

Begründung:

1. Nicht von allgemeinem Interesse.

2. Er lebt noch.

„Was?! Darf man Tiere nicht ehren, die noch leben?", empört sich Pacco.

„Überhaupt ist es eine Unverschämtheit, dass der Antrag abgelehnt wurde", klagt Graubert. „Das allgemeine Interesse wurde wohl mehr als deutlich. Egal, ob er in der 1. oder 6. Liga gespielt hat, er war immer ein Bremer Tier. Und sein Futter, was für Fußballer echt großzügig ist, hat er mit seiner Herde und anderen geteilt."

„Seht auch den Entwurf der Statue an – die sieht richtig toll aus!", sagt Sammy und zeigt den anderen das Bild. „Ich finde auch, dass Kugelblitz ganz besonders für den Bremer Geist steht. Er kam zwar aus Brasilien und wurde hier zum Freund und dann hier Zuhause. Er zeigt Freude und Spaß, Teamwork und Freundschaft, lässt sich nicht verbiegen und redet frei Schnauze. Eine Statue von ihm, das hätte viele Bremer Tiere glücklich gemacht und auch mich tief berührt."

„Ehrlichkeit, Teamgeist und zusammen Spaß haben, das macht auch für mich Freundschaft aus", stimmt Lydia zu. „Lasst uns immer fest zusammen halten!"

„Unbedingt!", freut sich Sammy.

Und Graubert erklärt feierlich: „Einer für alle und alle für einen!"

Und die vier Tiere sagen gemeinsam:

„Einer für alle und alle für einen!"

KAPITEL 10

Die sturen Esel vom Stahlkocher

Die Betriebsversammlung im Werk der Stahlkocher ist jetzt schon einige Wochen her. Doch obwohl ihnen schon das Futter gekürzt wurde und sie täglich eine Stunde länger arbeiten müssen, haben die Bosse letzten Freitag verkündet, dass die Werksschließung immer noch nicht vom Tisch ist, sondern – natürlich wird so was nicht richtig verraten – „bald vollzogen“ werden müsse.

Weil die ganze Belegschaft verunsichert und sauer darüber ist, hat die Esel-Zunft für heute (Montag) eine Kundgebung vorm Tor angekündigt, gleich morgens bei Sonnenaufgang, und alle dazu eingeladen. Gut, dass Graubert sofort nach seiner Schicht am Freitag seine drei Tierfreunde informiert hat. Sie sind jetzt mit dabei, stehen mitten unter den Eseln und hören der Rede des Esel-Zunftvertreters gebannt zu.

„Liebe Eselinnnen und Esel, ihr wart in den letzten Wochen äußerst solidarisch. Ihr habt bewiesen, dass ihr bereit seid zu verzichten, um den Betrieb, ähm, um eure Arbeitsplätze zu retten. Vielen Dank! Doch leider hat es nicht ausgereicht. Die wirtschaftliche Lage ist ernst. Es, ähm, sind alle Mittel ausgeschöpft und ..."

„Schluss mit den Lügen!", ruft ein Esel von weiter hinten, merklich sauer. „Hör auf zu labern!"

„Soll das etwa die Quittung sein für unseren Fleiß und unsere Zurückhaltung?", empört sich eine Eselin, die neben Pacco steht.

„Liebe Eselinnen und Esel," setzt der Esel-Zunftvertreter erneut an, „es ist absolut verständlich, dass ihr wütend seid. Aber Wut allein macht noch keinen erfolgreichen Erhalt eurer ..."

„Ich zeig dir gleich mal meine erfolgreiche Wut, dummer Packesel", ruft es wieder von hinten. „Wem stehste eigentlich bei?" Der Esel will nach vorne stürmen, aber die anderen halten ihn auf.

„Richte deine Wut lieber gegen die Bosse und nicht gegen ihn", beschwichtigt einer seiner Kollegen.

Von der anderen Seite der Kundgebung ruft es: „Wir haben es satt, dass uns von den Bossen das Gold aus dem Maul geklaut wird! Es gehört uns!“

„Leute, ich glaube, wir sollten loslegen ...“, wendet sich Graubert an die Tiere der Bremer Musikantenbande. Sie wissen genau, was er will, denn da drauf haben sie sich übers Wochenende bis tief in die Nächte hinein vorbereitet.

Graubert geht kurz in die Knie, sodass Pacco auf seinen Rücken steigen kann. Dann klettert Lydia an den beiden hoch – wobei sie aufpasst, sie nicht mit ihren Krallen zu kratzen – und stellt sich auf Paccos Rücken. Zuletzt fliegt Sammy bis ganz nach oben und kräht laut: „Kikeriki!“

Sofort haben sie alle Aufmerksamkeit. Jeder schaut auf den altbekannten Turm, der wie der Turm der Bremer Stadtmusikanten aussieht, auch wenn die meisten gerade noch Grauberts hochgestreckte Schnauze sehen können. Die Bosse und Zunftvertreter gucken erschrocken, aber die Belegschaft ist neugierig und hoch interessiert.

Und dann stimmen die vier ihr erstes der vorbereiteten Lieder als Bremer Musikantenbande an:

Esel-Lied

Für die Bosse nicht mehr krumm.
Denn wir sind nicht dumm!
Wenn's der sture Esel will,
Stehen alle Kessel still!

Wenn's der sture Esel will,
Stehen alle Kessel still!
Einen Berg kannst du versetzen,
Jedoch keine Esel hetzen!

Mumm in den Knochen und
Grips unterm Haar.
Wir kämpfen vereint
den Zukunftsplan wahr!

Wer jetzt glaubt, ein einziges Lied reiche aus, um eine ganze Belegschaft zu überzeugen und in Bewegung zu setzen, um mit all den Lügen und Märchen aufzuräumen, um alle dazu entstehenden Fragen zu beantworten, der irrt sich – aber gewaltig! Im Gegenteil: eine riesige Diskussion entsteht, es ist plötzlich mächtig laut auf dem Kundgebungsplatz. Es ist ein Krakeel und Gebrüll, das Angst machen kann, wenn tier das noch nie erlebt hat. Doch keine Sorge, kein Tier wird verletzt, dafür sind Esel viel zu gutmütig.

Nur der Esel-Zunftvertreter riskiert nun doch seinen Hals, als er ins Mikrofon spricht: „Ein Streik ist jetzt echt keine Lösung …"

„Nicht streiken?!", ruft eine Eselin grimmig. „Soll es erst noch schlimmer werden? Und wie schlimm muss es deiner Meinung nach erst für uns sein? Also ich will mir das nicht länger antun und auf das Schlimmste warten. Was für ein Stinkekäse!"

An einer anderen Stelle diskutiert eine Gruppe von Eseln.

„Ob wirklich alle mit streiken würden?", fragt einer.

„Ich bin mir ziemlich sicher, Kollege!", antwortet ein anderer.

Und ein dritter Esel fügt hinzu: „Da sitzt Dampf auf dem Kessel, Kollegen. Es blubbert und rumpelt im Eselsgemüt!"

Und wer's hört, der nickt zustimmend.

Ein weiterer Esel-Zunftvertreter stammelt verzweifelt ins Mikrofon: „Das war schon immer so … Da kann tier nix machen …" Aber es hört sowieso niemand mehr zu.

Stattdessen sagt einer gerade: „Alle Kessel stehen still, wenn es ein sturer Esel will – das sollten wir uns hinter die Eselsohren schreiben."

„Genau, richtig", sagen ihm zwei.

„Kikeriki", ruft Sammy erneut. Und es gelingt, was den Maulhelden oben auf der Bühne nicht gelungen war: Alle werden still und hören zu.

„Liebe Stahlkocher, wir sind die Bremer Musikantenbande. Euer Kollege Graubert ist einer von uns."

„Iiiaaah", grüßt Graubert.

„Wir anderen sind: Pacco von der Autofabrik ..."

„Wuff!"

„Lydia, aus dem Tierklinikum ..."

„Miau!"

„Und ich, Sammy, bin Raketenbauer und noch oft an der Uni und im Albert-Einstein-Planetarium. Wir wollen euch einen Vorschlag machen: Eine Tierwelt ohne Bosse, ohne verlogenen Senat, ohne korrupte Esel-Zunftvertreter ist möglich! Wir können für uns selbst sorgen und sollten sie verjagen. Wir sollten damit anfangen, uns nicht mehr ausnutzen und ausbeuten zu lassen. Lasst uns andere Tiere zusammen holen. Also das heißt, heute wird gestreikt und wir traben über die Autobahn zu den Hunden. Und weil das nur unser Vorschlag ist, geht das nur, wenn wir demokratisch darüber abstimmen. Was meint ihr?"

Da geht ein Gemurmel und Geraune los. Jeder berät sich mit dem, der gerade neben ihm steht. Es wird getuschelt, diskutiert und beratschlagt. Dann wird es wieder ruhig.

„Okay, stimmt ab!“, ruft die Eselin von vorhin.

Als Sammy nun fragt, wer dafür ist, sind fast alle Esel laut am Wiehern. Bei der Frage, wer dagegen ist, wiehert nur eine kleine Herde aus Eseln, die bei den Bossen oder bei dem Esel-Zunftvertreter stehen.

Allerdings haben auch viele der ehrlichen Esel von der Esel-Zunft in der Abstimmung mit „Ja“ gestimmt. Die Verhandlungen mit den Bossen hatten sie schon länger ziemlich gefrustet, weil immer weniger Gutes für die Tierwelt dabei rauskam. Das Lied hat sie überzeugt, nun mal einen anderen Weg zu gehen.

Es braucht nach der Abstimmung keine weitere Ansage mehr, alle Eselinnen und Esel bewegen sich bereits in Richtung Autobahn. Die Tiere in den Autos gucken verblüfft – ist da nicht auch die Bibliothekarin Annegret in ihrem Wagen? Aber alle machen halt und warten ab, keiner hupt.

„Hey, Graubi, Graubi!“

„Was ist, Dieter?“

„Sollten wir nicht dafür sorgen, dass hinter uns keine Bosse und korrupte Esel-Zunftvertreter mehr auf die Autobahn kommen?“, fragt Dieter aufgeregt.

„Du meinst, wir sollten die Autobahn blockieren?“ Graubert stellt sein Maul schräg und guckt Dieter erwartungsvoll an.

„Naja, nicht die ganze vielleicht. Die Auffahrten auf jeden Fall, an denen wir vorbeikommen.“

„Und wie sollen wir das machen?“, fragt Lydia, die auf Grauberts Rücken sitzt.

„Sch ..., sch ...“, flüstert Dieter.

„Was? Dieter, ich hab ja gute Ohren, aber wenn du so leise wieherst, kann selbst ich dich nicht verstehen!“, beschwert sich Graubert.

„Mit Scheiße! Eseldung! Schiet, verdammich!“

Da muss unser Graubi breit grinsen.

„Super Idee! Los, helft alle mit!“

Etwa ein Dutzend Esel begibt sich zum Anfang der Auffahrt zurück und heben gerade ihren Schweif, als Wilhelmina, die Eselin von Dieter mit den beiden ganz jungen Fohlen auf dem Weg zur nächsten Wiese an ihnen vorbei kommt. Sofort stellen sich alle ordentlich hin. Denn diese Eselin hat Dieter schon oft die Ohren aber sowas von lang gezogen, wenn er mal wieder nur Flausen im Kopf hatte. Hat er wirklich! Nur so aus schier Schandudel.

Und sie fragt auch schon: „Was macht ihr denn da?“

Dieter hat es die Sprache verschlagen. Ganz rote Ohren hat er plötzlich bekommen.

Da erklärt Lydia: „Wir streiken. Wir wollen uns nicht mehr ausbeuten und ausnutzen lassen von den Bossen und dem Senat. Um uns selber können wir uns uns am besten selber kümmern! Jetzt holen wir die Hunde und dann die anderen Tiere. Und damit die Bosse uns nicht folgen können ..."

„Oh, Dieter, wirklich?", fragt Wilhelmina hocherfreut. „Das ist so mutig von dir, von euch allen! Kommt, Kids, heute gehen wir nicht zur Wiese, heute machen wir unsere Haufen hier!"

Mit vor Stolz und Freude geschwelter Brust steht Dieter neben seinem Nachwuchs, wie sie gerade auf die Straße ... eine Blockade errichten.

KAPITEL 11

Vorsicht, bunter Hund!

„Jauuuh, jauuuh“, jault es in der Halle der Autofabrik.

Uli hört, wie Dogan schmerzerfüllt und gedemütigt heult. Er wird vom Boss der Abteilung in die Hinterbeine gebissen, weil er zu langsam bei der Arbeit ist. So was passiert in letzter Zeit öfter. Das Fließband wurde schneller gestellt und das Futter gekürzt. Vor allem den großen Hunden reicht das bisschen nicht mehr. Sie stehen mit zittrigen Beinen am Band und mühen sich verzweifelt ab. Doch das reicht oft nicht aus. Und besonders gemein ist, dass derjenige Extrafutter bekommt, der bei den Bossen anködeln will und immer brav Männchen macht.

Uli kann zwar verstehen, dass manche das Extrafutter brauchen – aber es hat den früher so starken Zusammenhalt zwischen den Hunden kaputt gemacht. Man guckt neidisch und verächtlich aufeinander, obwohl doch jeder im Herzen etwas anderes will. Dessen ist sich Uli sicher.

„Jauuuh", jault Dogan erneut.

Uli zuckt zusammen und lässt aus Versehen die Schraube fallen, die er gerade eindrehen sollte. Zum Glück bleibt das Band stehen – es ist Pause.

Geduckt und niedergeschlagen verlassen Uli und seine Kollegen die Halle, nachdem sie von den Leinen los gemacht und die Maulkörbe abgemacht wurden, damit sie was fressen können. Doch statt wie sonst sich nur zu zweit oder zu dritt einen ruhigen Grasflecken zu suchen, rücken die Hunde heute dicht an dicht zusammen. Instinktiv, wie es in ihrer Rudelnatur liegt, suchen sie kollektiven Schutz. Trotz der ungleichen Behandlung – Bisse für die einen, Sonderbehandlung für die anderen – wissen sie, dass sie alleine nicht mehr aus dieser Misere herauskommen. Doch was jetzt?

„Ich gehe da nicht mehr rein", jault Dogan verzweifelt. „Gebissen haben sie mich – ich blute sogar. Und alles nur, weil ich nicht mehr konnte. Ich war so hungrig! Kurz vor der Pause werde ich immer ganz zittrig und flau im Magen. Da mach was an ohne anständiges Futter!"

„Mir geht's auch so", sagt Paulina. „Und nachmittags habe ich keine Kraft mehr, um mit den Welpen zu spielen."

„Wenn ich da wieder reingehe", bellt Martin, „beiß ich den Hetzern den Schwanz ab! Damit die mal wissen, wie das ist!"

„Ganz ruhig, Martin", schaltet sich auch Emira ein. „Das bringt doch nichts."

„Nein", sagt Dogan, „das würde dich nur mit ihnen auf eine Stufe stellen. Du bist ein viel besserer Hund, als die es jemals waren!"

„Alle Hunde, hört mal her", verschafft sich Uli lautstark Gehör. „Ich weiß etwas von Pacco. Und ich glaube, jetzt ist der richtige Zeitpunkt, es euch zu sagen."

Die Hunde legen den Kopf schief und richten ihre Ohren auf.

„Wo ist Pacco überhaupt?", fragt einer von weiter hinten.

„Er ist bei den Eseln vom Stahlkocher", sagt Uli.

„Was will er denn da?", fragt Emira.

„Die Esel haben genauso die Schnauze voll wie wir. Pacco ist dort mit ein paar Freunden. Sie wollen den Eseln vorschlagen, nicht mehr weiter zu arbeiten, also zu streiken und zu uns zu kommen, um das Gleiche auch uns vorzuschlagen. Gemeinsam wollen wir dann mit weiteren Tieren überlegen, die Bosse und den Senat zu verjagen, um eine neue, bessere Tierwelt – ganz in unserem Sinne – aufzubauen."

„Jetzt seid ihr wohl völlig größenwahnsinnig geworden!“, schüttelt Dogan den Kopf.

„Überlegt doch mal“, versucht Uli zu erklären, „welche Wahl wir sonst haben! Uns ducken für Extrafutter oder uns wehren für Extraschläge? Eine andere Wahl haben wir nicht, wenn wir nicht diese neue Tierwelt haben wollen und dafür kämpfen. Also entweder wir gehen jetzt wieder rein, lassen die Esel dumm dastehen, wenn sie kommen, um uns zu holen, und lassen uns weiter beißen – oder wir bleiben hier und erwarten sie.“

„Trööööt!“, röhrt die Fabriksirene zum Zeichen, dass die Pause vorbei ist.

Irgendwie ging das jetzt viel zu schnell. Den Hunden blieb keine Zeit zum Nachdenken. Sie rühren sich aber auch nicht, um wieder reinzugehen. Zum ersten Mal ignorieren sie die Sirene und bleiben einfach stehen. Sie denken nach.

Natürlich bleibt das nicht unbemerkt. Nach nur wenigen Minuten später kommen Hetzer aus allen Hallen gelaufen. Sie knurren: „Rein mit euch! An die Arbeit!“

Und als der erste Hetzer versucht, einen Hund am Rand ihrer Pausenversammlung zu beißen, ist es Dogan, der laut zurück knurrt: „Nein! Ihr habt uns jetzt oft genug gebissen! Wir gehen nicht wieder rein! Und wenn ihr noch mal versucht, einen von uns zu beißen, beißen wir zurück!“

Wie auf ein Kommando drehen sich alle Hunde in Richtung der Hetzer, knurren und fletschen die Zähne.

Martin, der neben Uli steht, fragt diesen: „Was ist, wenn die Esel nicht kommen? Was ist, wenn jetzt eine Prügelei losgeht und die Esel nicht kommen? Ich hab echt Bammel!" Am Ende klingt er fast hysterisch.

„Hey, Alter, jetzt pinkel dir mal nicht ans eigene Bein! Sie werden schon kommen", erwidert Uli überzeugt.

Und kaum hat Uli es ausgesprochen, hören sie von weitem den Refrain der singenden Esel.

„Mumm in den Knochen und Grips unterm Haar
Wir kämpfen vereint den Zukunftsplan wahr!"

Alle Hunde stürmen ans Tor und begrüßen die ankommenden Esel, jedoch immer noch durch das geschlossene Tor. Die Hetzer und Bosse, überrascht über ihre plötzliche Machtlosigkeit, stehen vor den Hallen und schauen grimmig zu, was sich da wohl nun entwickeln wird.

Und da sehen wir auch schon Pacco auf Grauberts Rücken stehen. Seine Hundsfreunde gucken verblüfft, als dann auch noch Lydia auf seinen Rücken klettert und wiederum Sammy auf die Spitze flattert.

„Kikeriki!" Und dann stimmen die Vier ihr zweites der vorbereiteten Lieder als Bremer Musikantenbande an:

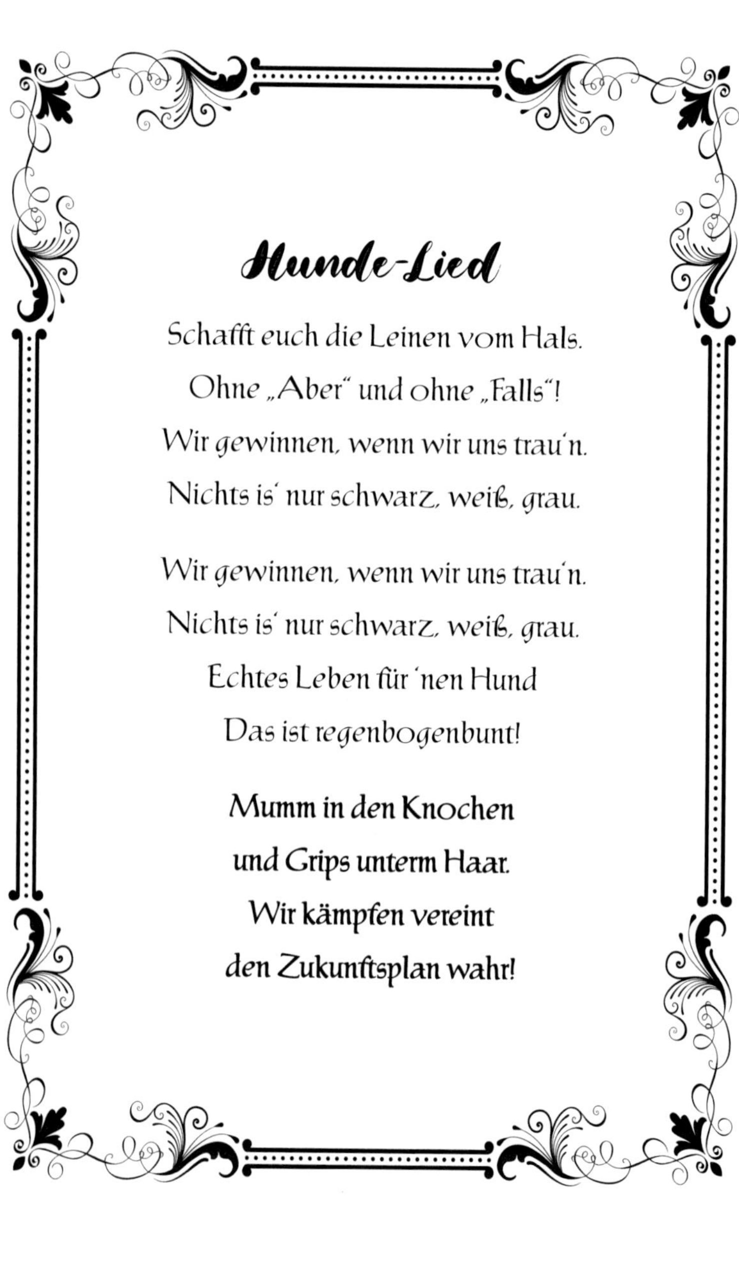

Hunde-Lied

Schafft euch die Leinen vom Hals.
Ohne „Aber“ und ohne „Falls“!
Wir gewinnen, wenn wir uns trau'n.
Nichts is' nur schwarz, weiß, grau.

Wir gewinnen, wenn wir uns trau'n.
Nichts is' nur schwarz, weiß, grau.
Echtes Leben für 'nen Hund
Das ist regenbogenbunt!

Mumm in den Knochen
und Grips unterm Haar.
Wir kämpfen vereint
den Zukunftsplan wahr!

Nach dem Lied bellen die Hunde ganz aufgeregt durcheinander. Manche sind erfreut, andere nervös, manche sind skeptisch und einzelne schütteln die Schnauze.

Da trauen sich ein paar Bosse vor.

„Liebe Hunde, lasst euch von den Musikanten nichts anschnacken! Die wollen nur ihre eigene Suppe kochen. Wir dürfen jetzt nicht so einen Wind machen. Wenn es mit der Produktion erst mal wieder besser läuft, wird auch wieder mehr Futter für alle da sein ... Aber nicht, wenn ihr bei denen mitmacht!"

„Schluss jetzt! Ich krieg' ja zu viel, wenn ihr uns weiter ein X für ein U vormacht", bellt Paulina. „Das eigene Leben kann tier nicht verhökern – an euch schon gar nicht! Jetzt entscheiden wir selber, was wir tun – das ist die Suppe, um die es hier geht und weshalb die Musikantenbande hier ist. Und ihr habt Sendepause!"

Überall stecken die Hunde ihre Schnauzen zusammen und diskutieren.

„Also, das kann ja nichts werden", schimpft eine Hündin. „Ich wäre ja dafür, aber da machen bestimmt nicht alle mit – so schlecht wie der Zusammenhalt geworden ist."

„Wir arbeiten zusammen, wir feiern auch gerne zusammen – warum sollen wir nicht auch zusammen kämpfen können?", fragt ein anderer Hund.

„Naja, aber steht da nicht jedes Tier alleine da – ohne einen Bissen Futter zwischen den Zähnen?“, äußert ein weiterer Hund skeptisch.

„So wie in diesem Laden mit uns umgegangen wird, so kann tier mit keinem Hund umgehen. Was jetzt passiert, liegt an uns! Aber sind wir dafür auch stark genug?“

Da bellt Pacco: „Schluss jetzt! Keine Freiheit mehr für Bosse, Senat und ihre Helfer! Freiheit für alle Arbeitstiere! Wir haben unser Glück selber in unseren Pfoten und sollten jetzt auch abstimmen. Wer ist dafür, dass wir uns den Eseln anschließen?“

Erst leise bellen ein paar Hunde, dann kommen immer mehr dazu. Langsam werden sie immer lauter, bellen selbstbewusster und ihre Wut über die Bosse und Hetzer hinaus. Obwohl es längst klar ist, bellen sie einfach weiter – es tut ihnen gut, endlich ohne Maulkorb so laut sein zu können, wie es ihnen gefällt.

„Okay, okay“, bellt Pacco, um Ruhe zu bekommen. „Ihr dürft gleich weiter bellen. Ich möchte nur kurz fragen: wer ist dagegen?“

Da bellen die Bosse, ihre Hetzer und auch eine Hand voll anderer Hunde – diese hatten sich schon öfter ihre Extrafutterportion einverleibt und ihre hungernden Kollegen ausgelacht. Kein Tier ist traurig, dass sie nicht mitmachen würden.

„Umso besser! Enthält sich jemand?“, fragt Pacco.

„Wuff", bellt Rudi, der gerade angedackelt kommt. „Ich war gerade pinkeln. Habe ich was verpasst?"

„Ach, Rudi", seufzt Paulina. „Ich erkläre es dir später. Komm einfach mit."

„Okay, besser als in der Halle zu wuracken ..."

„Kikeriki", ruft Sammy von der Spitze der Musikantenbande. „Herzlichen Dank! Wir ziehen jetzt weiter zum Tierklinikum. Schön, dass ihr dabei seid ..."

Den letzten Satz kann kein Tier mehr verstehen, weil so ein fröhliches Gejohle und Gebell ertönt – das hat tier noch nicht erlebt! Was für ein Fest!

Und dann stürmen alle Hunde auf das geschlossene Tor zu. Einen Moment lang hält es dem Ansturm noch stand, doch dann bricht es aus den Angeln, fällt flach auf den Boden und gibt den Hunden den Weg frei ...

KAPITEL 12

Von wegen Sterbehilfe!

Auf dem Weg zum Tierklinikum singen die Hunde und Esel gemeinsam und immer abwechselnd ihre beiden Lieder, so als wäre es eigentlich eins. Da der Refrain der gleiche ist, fällt ihnen das ganz leicht. Obwohl sie ganz ausgelassen und aufgeregt sind, werden sie ganz ruhig und summen ihr Lied nur noch leise. Sie wollen die Kranken im Tierklinikum nicht erschrecken oder aufwecken und sie dadurch von ihrer Heilung abhalten. Oder sogar bei einer Operation stören. So sind unsere Esel und Hunde leise und wirklich sehr diszipliniert – von wegen „wilde Tiere“, wie ihnen ein Boss vom Hundeautowerk noch nachrief.

Als die Esel und Hunde schließlich angekommen sind, schauen nach und nach immer mehr Tiere unterschiedlichster Art neugierig aus den vielen Fenstern vom Tierklinikum. Am häufigsten sieht tier jedoch Katzen – das sind die vielen Tierpflegerinnen und Tierpfleger, die sich sehr fürsorglich um ihre Patienten kümmern. Sie waren schon von Lydia vorab informiert worden, dass heute etwas Großes geschehen würde, was ihre Situation und die Gesundheit der Tiere dauerhaft verbessern könnte. So warten die Katzen schon sehnsüchtig, und als die Esel und Hunde jetzt endlich da sind, vergessen sie ihre Sorgen für ein paar Minuten. Ganz gebannt lauschen sie und die vielen Patienten dem Lied, das die Bremer Musikantenbande für sie geschrieben hat:

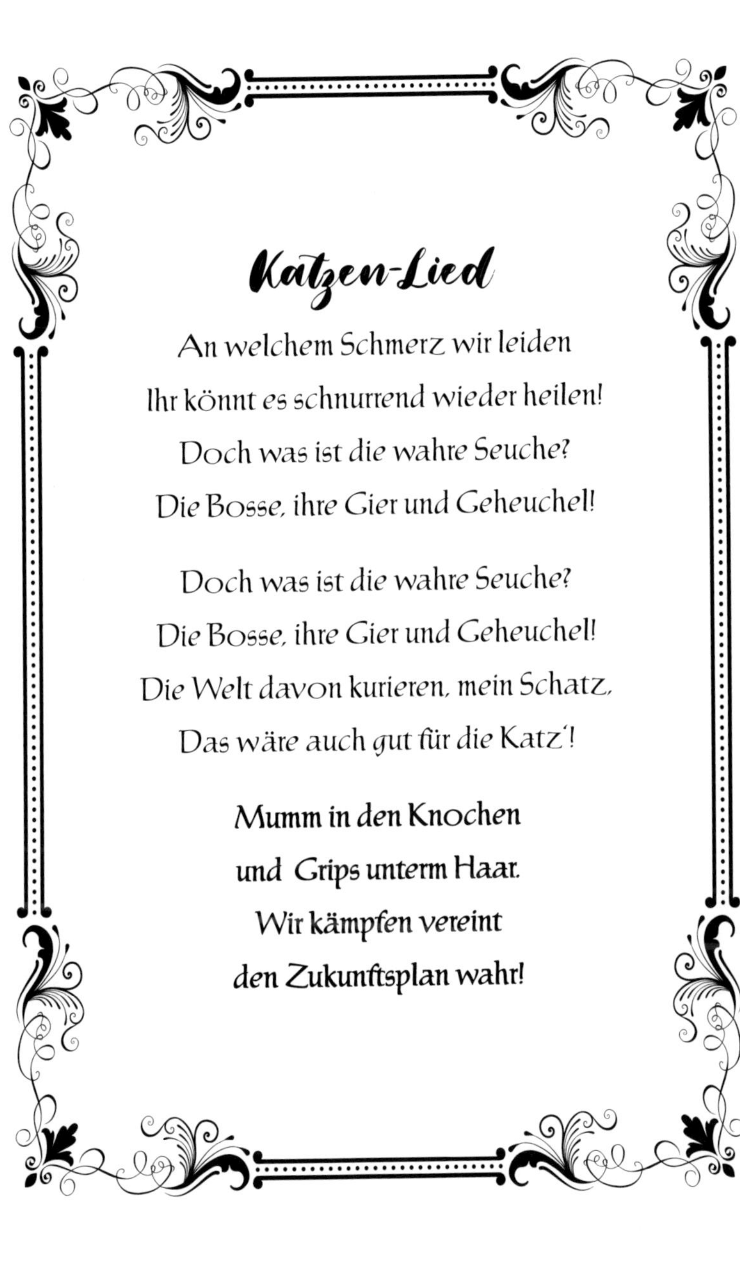

Katzen-Lied

An welchem Schmerz wir leiden
Ihr könnt es schnurrend wieder heilen!
Doch was ist die wahre Seuche?
Die Bosse, ihre Gier und Geheuchel!

Doch was ist die wahre Seuche?
Die Bosse, ihre Gier und Geheuchel!
Die Welt davon kurieren, mein Schatz,
Das wäre auch gut für die Katz'!

Mumm in den Knochen
und Grips unterm Haar.
Wir kämpfen vereint
den Zukunftsplan wahr!

Die Katzen sind total gerührt und bedanken sich mit herzlichem Miauen. Sie winken dabei mit den Pfoten.

„Ihr habt so schön gesungen", schwärmt Jamal, ein schwarzer Kater.

„Ja, wirklich schön!", gratuliert auch Mirella, eine wunderschöne, graue Siamkatze.

„Ihr habt auch wirklich recht", sagt Suna, eine braungetigerte Hauskatze. „Was ihr gesungen habt – so sollte es sein."

„Ja, stimmt genau", bekräftigen mehrere Katzen von ihren Plätzen an den Fenstern.

Bei so viel freudiger Zustimmung sind die Esel und Hunde sich sicher, dass sie mitkommen.

Das glaubt Sammy auch und fragt: „Dann können wir jetzt die Abstimmung machen, ob ihr mitkommen wollt. Als nächstes geht's zur UNI und dann ..."

„Nein", sagt Suna, „mitkommen, das geht nicht. Wir können hier nicht weg."

„Das stimmt" meint Mirella. „Ist ja ganz nett gemeint von euch und ihr habt auch recht, aber in Echt geht es halt nicht. Wir können hier nicht einfach weg."

„Nein, aber es war wirklich ein wundervolles Lied! Und ihr habt so schön gesungen", schwärmt Jamal erneut. „Doch singen kann tier über alles, die Wirklichkeit ist jedoch manchmal eine andere. Das müsst ihr begreifen. Tut mir leid, wenn ihr jetzt enttäuscht seid."

„Ja, tut uns leid", sagen auch andere Katzen.

Esel, Hunde und unsere Musikantenbande – einschließlich unserer lieben Lydia – sind so geplättet von dieser Reaktion, dass ihnen keine Antwort einfällt. Sie wissen nicht, was sie sagen sollen und sind einfach nur stumm. Und so drehen sich die Katzen an den Fenstern um und wollen wieder an die Arbeit zurückgehen. Ist das zu fassen?

Doch auch diese Katzen haben mit etwas nicht gerechnet: Als sie sich umdrehen und weiter arbeiten wollen, sehen sie sich in allen Zimmern ihren wütenden, fauchenden, grimmigen, tief knurrenden und zähnefletschenden, in Kampfstellung aufgestellten und schlichtweg wütend aufgebrachten Patienten gegenüber. In allen Zimmern gehen sie sofort ordentlich mit den Katzen ins Gericht und waschen ihnen ordentlich die Ohren. Also DAS hat es auch noch nie gegeben!

„Habt ihr denn das ganze Lied so gar nicht kapiert?", fragt die Eule und schlägt mit ihren Flügeln. Sie kann nicht mehr richtig gucken, ist aber immer noch blitzgescheit. „Immer und überall ist die Stadt hell erleuchtet, weil rund um die Uhr produziert werden soll. Deswegen können so viele Eulen wie ich nicht mehr richtig gucken und tun uns die Augen weh. Wir brauchen die Dunkelheit und Stille der Nacht. Verjagt die Bosse – das tut uns allen gut und macht uns wieder gesund!"

„Ihr müsst mitgehen! Sucht eine Lösung! Damit es aufhört, dass selbsternannte Bosse Jagd auf ihre eigenen Artgenossen machen", ergänzt der Bär, dem eine Bärenfalle vom Bein entfernt werden musste, das er jetzt nie wieder richtig benutzen kann. „Seht euch mein verkrüppeltes Bein an – das darf nie wieder einem Bären oder einem anderen Tier passieren. Das ist doch wie Kannibalismus!"

„Es geht nicht nur um uns. Oder um heute. Tut etwas gegen die Ursachen – dem Übel an die Wurzel!", fordert der Fuchs, der sich davon erholt, dass ihm gewaltsam sein schöner Fuchsschwanz geraubt wurde. „Das bringt viel mehr, als nur immer wieder an noch mehr Tieren herum zu doktern. Jagt sie endlich davon!"

Und die Biene, die sich durch allzu viel Chemie auf den Pflanzen vergiftet hat, summt beinahe aggressiv: „Stecht die Bosse, wo ihr nur könnt! Schlagt die Räuber in die Flucht!" Sie hat allen Grund wütend zu sein, denn alle Bienen sind durch den Einsatz von hochgiftigen Chemiecocktailen vom Aussterben bedroht. Und ohne ihre Befruchtung vieler Pflanzen, was der erste Schritt in der Herstellung von Futter ist, würde ihr Ende auch ein Aussterben aller Tiere bedeuten.

Die Schildkröte, die nach ihrer Verirrung dank Lydias Hilfe wieder den Kopf aus dem richtigen Loch ihres Panzers stecken kann, erklärt, ohne dass Widerworte möglich wären: „Wir sind alles quicklebendige Tiere: Wir brauchen keine Sterbehilfe – wir wollen und wir werden leben! Also haut endlich ab und kämpft!"

Und wie vom Geistesblitz getroffen, rennen die Katzen los. Sie springen aus den unteren Fenstern, quellen aus den Türen, unter- und übereinander weg, große und kleine Katzen, in allen Farben und alle Rassen peesen auf die Straße zu ihren neuen Freunden, den Eseln und den Hunden, mit denen sie nun ein gemeinsames Ziel verbindet. Eine Abstimmung ist hier nicht mehr nötig – das haben schon die Patienten geklärt, die sich nun in Abwesenheit ihrer Tierpfleger gegenseitig pflegen und unterstützen.

KAPITEL 13

Wenn Hühner loslegen

Von der Auseinandersetzung am Tierklinikum hat Sammy nichts mehr mitbekommen. Gleich nach dem Lied ist es von der Spitze der Bremer Musikantenbande runtergeflattert und ist zur UNI geeilt. Dort sitzt es an seinem PC und fährt ihn hoch.

„Oh, Sammy, da bist du ja wieder! Professor Siebenstein hat schon nach dir gefragt."

Das Huhn Chrissi steht hinter Sammy, dessen kurze Antwort nur „Ja, ja" lautet.

Endlich ist der PC soweit und öffnet sich das E-Mail-Programm. Sammy schaut alle E-Mails genau durch, aber kann einfach die E-Mail mit der Offenlegung der Kriegsvorbereitung nicht mehr finden. Fast verzweifelt es schon, denn wie soll es jetzt alle Hühner von den ungeheuerlichen Kriegsplänen überzeugen? Da fällt es Sammy gerade noch ein: Der Stick!

Sammy schließt seine Schreibtischschublade auf – ein Glück, er ist noch da! Es ist die E-Mail und sogar noch die Übersetzung drauf und mit einem Klick auf „Wichtigkeit hoch!" und einem weiteren Klick ist beides an alle Hühner der Bremer UNI verschickt. Im Betreff: ACHTUNG – SOFORT LESEN!

Sammy ist sich klar, wenn das heute nicht gut ausgeht, dann wird es bald nur noch ein kopfloses Hühnchen sein. Also hofft es darauf, dass die Hühner die E-Mail auch wirklich sofort lesen; dass die Esel, Hunde und Katzen wirklich gleich da sind; dass ihr Plan, alle Räuber dieser Tierwelt zu verjagen, aufgehen wird. Auf all das hofft Sammy, und obwohl es doch unmöglich scheint, legt es alles in diese eine Chance. So groß ist die Überzeugung und Einsicht in die Notwendigkeit, nur so zu echter Freiheit kommen zu können.

„Oh, hallo Sammy, du bist ja da! Hab gerade gesehen, dass du mir eine E-Mail ..."

„Lies sie, Malique!"

„Aber ...", reagiert Malique verdutzt.

„Lies sie! Wichtigkeit hoch! hab ich nicht umsonst ausgewählt!", fordert Sammy ungeduldig.

„Okay", und Malique geht verwirrt zurück zum PC, öffnet die E-Mail und liest sie.

Sammy rennt durch die Büros, schaut nach, ob alle die E-Mail lesen oder fordert sie dazu auf. Es darf kein Zufall sein, ob alle informiert sein werden.

„Pick. Pick-pick." Nervöses Picken macht sich breit. Das ist typisch für Hühner, die auf ein ungelöstes Problem stoßen. Das ist ihre Art zu grübeln. Und so weiß Sammy, dass der Inhalt seiner E-Mail die Runde macht. Der erste Schritt ist getan. Der nächste wird folgen, sobald die anderen Tiere eingetroffen sind. Es müsste eigentlich schon so weit sein; das Katzen-Lied war ja schon gesungen ...

„Mumm in den Knochen und Grips unterm Haar.
Wir kämpfen vereint den Zukunftsplan wahr!"

... erklingt es von draußen.

„Kikeriki! Kikeriki!", rufend rennt Sammy noch mal durch die Büros. So reißt es die Hühner aus ihrer Konzentration; sie würden sonst die Ankunft der Esel, Hunde und Katzen vielleicht gar nicht mitkommen – so vertieft sind sie manchmal in ihrer Arbeit und in diese E-Mail wahrscheinlich erst recht. Und sie sollen doch auch ihr Lied hören!

Also rennt Sammy den Weg durch die Büros noch mal zurück. Dieses Mal fordert es dabei alle auf, mit rauszukommen – wegen der E-Mail!

Niemals würden die Hühner einfach so einer Aufforderung folgen. Aber Sammy hat ihnen die E-Mail geschickt und deshalb kann es vielleicht auch eine Erklärung dazu liefern. Und es ist ja auch Sammy, dieses verrückte Huhn, dem sie alle vertrauen aufgrund jahrelanger Zusammenarbeit und über alle möglichen Grenzen hinweg.

Sammy landet jetzt auf dem Rücken von Lydia, die auf dem Rücken von Pacco steht, der wiederum auf dem Rücken von Graubert steht. Hinter ihnen unzählige Esel, Hunde und Katzen, aber auch einige andere Tiere – so sind die Dächer der UNI voll mit Vögeln aller Art, die wissen wollen, was hier passiert.

„Kikeriki!", stimmt Sammy das nächste Lied an:

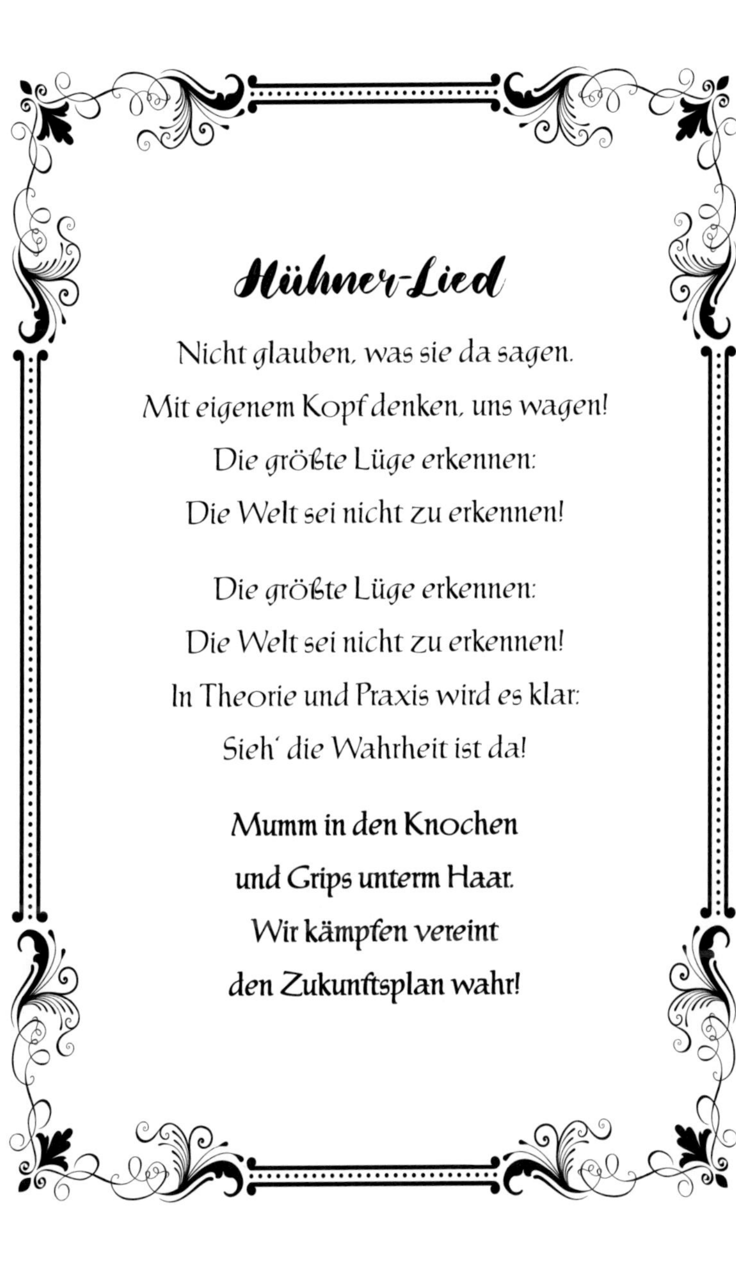

Hühner-Lied

Nicht glauben, was sie da sagen.
Mit eigenem Kopf denken, uns wagen!
Die größte Lüge erkennen:
Die Welt sei nicht zu erkennen!

Die größte Lüge erkennen:
Die Welt sei nicht zu erkennen!
In Theorie und Praxis wird es klar:
Sieh' die Wahrheit ist da!

Mumm in den Knochen
und Grips unterm Haar.
Wir kämpfen vereint
den Zukunftsplan wahr!

„Ja, das habe ich auch schon immer gesagt, dass an den Märchen nichts Wahres dran ist“, erklärt Kai.

„Das stimmt doch gar nicht, du oller Kauz“, wirft Toni ein, „das habe ich schon vor dir immer gesagt!“

Bevor sich die Hühner in die Federn kriegen, mischt sich Sammy ein: „Es stimmt auch nicht so ganz, dass an den Märchen NICHTS Wahres dran ist, denn dann hätten wir sie schon viel früher durchschaut. Es sind Geschichten aus Wahrheiten, Halbwahrheiten und Lügen; zu einem merkwürdigen Brei vermischt. Oder es sind losgelöste Wahrheitskörnchen, wie ein verloren gegangenes Puzzleteil, nur dass wir das ganze Puzzlebild nicht kennen bzw. nicht kennen sollen.“

„Aber wie soll es uns dann jemals gelingen, die große, ganze Wahrheit zu finden?“, will Malique wissen.

„Da die Wirklichkeit nun mal echt da ist, sind doch Geschichten nur entweder richtige oder falsche Gedanken dieser Wirklichkeit. In der Bremer Musikantenbande habe ich gelernt, dass selbst wir schlauen Hühner blind werden, wenn wir uns nicht mit anderen Tieren austauschen. So wie wir vom Weltraum aus die ganze Erde sehen können, über alle Grenzen hinweg – das schafft ja auch kein Tier alleine.“

„Gut doziert, Sammy, aber wie verhindern wir jetzt den Krieg?“, fragt Shelley, die kleine, neugierige Feldmaus, die plötzlich auch da ist, obwohl sie ja eigentlich gar nicht hierher gehört.

„Indem wir Bosse und Senat wechjagen“, meldet sich Esel Dieter zu Wort.

Aufgeregt schlagen ein paar Hühner mit ihren Flügeln, manche fangen auch an zu picken. Sie flattern noch dazu wild durcheinander und jedes Huhn murmelt vor sich hin. Man könnte meinen, sie würden sich gegenseitig ignorieren, aber das ist nur unser Eindruck, weil sie eben anders, oftmals viel enger kommunizieren.

„Wofür lernen wir denn? Wem soll es nutzen? Wofür lernen wir ..."

Und ein anderes: „Mit uns Hühnern besser nicht anlegen, mit uns Hühnern ..."

„Wat mutt, dat mutt! Wat mutt, ..."

„Weil jedes Ende auch ein Anfang ist, weil jedes Ende ..."

„Wer bestimmt? Wer bestimmt? Abstimmen, abstimmen ..."

Immer mehr Hühner wiederholen: „Abstimmen, abstimmen ..."

Weil Sammy selbst viel zu aufgeregt geworden ist, führt Lydia die Abstimmung durch.

„Wer von euch ist dafür, dass wir uns zusammenschließen und beraten, wie wir eine Tierwelt ohne Krieg, ohne Räuber, Bosse und Senat aufbauen?"

Ein aufgeregtes Flügelschlagen bestimmt aller Hühner kommt ihr entgegen.

Aber sie macht auch die Gegenprobe: „Wer ist dagegen?"

Fast krampfhaft halten die Hühner still. Eins muss dennoch einmal picken.

„War das ein dagegen?", fragt Lydia.

Das Huhn schüttelt den Schnabel.

„Nicht, okay. Enthaltungen?"

Dieses Mal halten alle ganz still.

„Dann ist das einstimmig!"

Alle Hühner flattern und jubeln. Sie schlagen mit ihrem Gefieder so, dass es sich wie ein rauschender Applaus anhört. Alle freuen sich, sich womöglich am Verjagen der räuberischen Bosse und märchenerzählendem Senat zu beteiligen.

Besser gesagt: Fast alle! Es gibt zwei Hühner, die sind ganz und gar nicht einverstanden. Ein großer, dicker und etwas zu stolzer Hahn mit einem feuerroten Kamm auf dem Kopf und einer roten Krawatte um den Hals, Professor Scharf, den wir bereits kennen. Und ein kleines Hühnchen, mit dunklen Federn um sein rechtes Auge, was wie eine Piratenklappe aussieht. Es verhält sich oft bockig und macht, was es will, weshalb es den Namen Trotzkopf bekommen hat. Sie stehen beide ganz hinten und tuscheln miteinander. Sie sind der Meinung, nur sie haben recht, schon immer recht gehabt und alle müssten eigentlich ihnen folgen und sich nicht mit der Bremer Musikantenbande zusammen tun ...

KAPITEL 14

Das Bündnis der Tiere

In einem riesigen Protestiermarsch ziehen alle Esel, Hunde, Katzen und Hühner zur großen Tierweide. Das ist ein großer Platz hinter dem Bremer Hauptbahnhof. Unsere Musikantenbande sucht sich einen Platz, an dem sie etwas höher stehen, damit sie alle Tiere sehen können. Denn nun geht es darum, die Versammlung der Tiere zu leiten. Es ist eine so bunt gemischte Versammlung, das hat tier auch noch nicht gesehen!

Denn jetzt muss die Frage geklärt werden, wie es weitergeht. Immerhin haben sie alle ihren Arbeitsplatz verlassen – unerlaubt! Die Bosse sind rasend vor Wut. Bestimmt sitzt der Senat schon bei ihnen auf dem Schoß und verspricht, mithilfe von Hetzern und Beißern, die Tiere wieder „zur Vernunft“ und „zur alten Ordnung“ zurück zu zwingen. Und um dagegen anzukommen, müssen sich unsere Tiere einig sein, was sie wollen und was sie tun werden. Zum Teil lernen sie sich aber heute erst kennen. Doch wie rücksichtsvoll und solidarisch sie miteinander umgehen, zeigt sich schon allein daran, wie sie sich mit Blick auf die Bremer Musikantenbande einen Platz aussuchen: Die kleinen Tiere sitzen ganz vorne, die großen Tiere stehen hinten, dabei sind sie wild durcheinander, also Hühner neben Hunden, Katzen und Hühner auf dem Rücken der Esel, Hunde weiter vorne liegend, damit Tiere hinter ihnen auch was sehen, zum Beispiel die sitzenden Katzen. Alle sind friedlich und einfach neugierig aufeinander. Es werden Pfoten geschüttelt und nach Namen gefragt. Sie könnten endlos so weiter miteinander klönen.

„Kikeriki“, verschafft sich Sammy Aufmerksamkeit. Begonnene Gespräche werden noch kurz zu Ende geführt, dann blicken alle Tieraugen nach vorne.

Da sagt Graubert: „Schön, dass ihr alle da seid! Was für ein aufregender Tag! Wir wollen jetzt eine Tierversammlung durchführen und genau festlegen, wie es weitergeht. Bevor wir damit anfangen können, wollen wir vorschlagen, eine Tierversammlungsleitung zu wählen.“

„Ach was“, ruft einer der Esel, „macht nicht so ein Gedöns, sondern fangt einfach an.“

„Nee“, springt Pacco auf, „es haben lange genug Tiere über andere Tiere bestimmt, ohne dass wir gefragt wurden. Und um genau das zu ändern, darum geht es heute. Wenn ihr uns wählt, freut uns das natürlich sehr. Aber ihr dürft das jetzt selbst entscheiden, nicht wir.“

Das wird mit flatternden Flügeln, stampfenden Hufen, Miauen und Bellen begrüßt.

„Ich dachte, Musikanten wären Tiere, die alles bestimmen wollen. Stimmt das etwa nicht?“, flüstert eine Katze einer anderen zu. Die schüttelt den Kopf. „Ich glaube nicht …“

„Also, wir vier kandidieren“, fährt Sammy fort. „Graubert, der Esel vom Stahlkocher. Pacco, der Hund aus der Autofabrik. Lydia, die Katze, die bestimmt schon einige von euch gesund gepflegt hat. Und ich bin Sammy, Raketenbauer. Gibt es weitere Tiere, die für die Tierversammlungsleitung kandidieren wollen?“

In der Tierversammlung bleibt es ruhig. Sammy wartet noch ab.

„Hier!“, ruft Trotzkopf. „Ich möchte kandidieren.“

„Stell dich kurz vor“, bittet Sammy.

„Ich bin Trotzkopf, ich komme von der UNI und denke, ich kann meinen Beitrag leisten.“

„Okay“, sagt Sammy. „Noch jemand?“

Jetzt gibt es keine Meldung mehr.

„Gut."

Dann macht Pacco weiter: „Wer ist dafür, dass wir fünf die Tierversammlung leiten?"

Es antwortet lauter Jubel aus der Tierversammlung.

„Wer ist dagegen?", fragt Pacco.

Stille.

„Wer enthält sich?"

Stille.

„Danke, dann ist das einstimmig."

Jetzt spricht Lydia: „Nun geht es darum, dass wir uns einig werden, ob und wie wir die Bosse mitsamt Senat und ihren Helfern verjagen. Lasst uns diskutieren! Aber macht bitte auch konkrete Vorschläge ..."

Sofort melden sich ganz viele Tiere. Alle berichten, zum Teil aufgeregt und wütend, andere traurig und nachdenklich, womit sie tagein, tagaus zu kämpfen haben. Von Bissen und Tritten; von leidenden Angehörigen, denen sie nicht helfen konnten; von Hunger und Durst; von Dreck und Kälte im Stall; und davon, dass es doch längst anders möglich wäre, wenn Bosse und Senat nicht wären. Denn dann könnten sie die Hilfe, die Arbeit, überhaupt das Tierleben selber organisieren. Unsere Tiere sind dabei oft auch selbstkritisch. Sie fragen sich, warum sie das dann überhaupt so lange mitgemacht haben.

„Aber können wir uns denn alleine ernähren, wenn uns die Bosse nicht mehr füttern? Sie teilen doch unser Futter ein, sodass es keinen Streit gibt", fragt ein Esel.

„Unter den Hunden gab es schon immer welche, die nur an sich dachten und wie sie an das meiste Futter von allen kommen", knurrt ein anderer Hund zustimmend.

„Im Tierklinikum füttern wir die Tiere auch selber", wirft Lydia ein. „Klar, nach festgelegtem Plan und Kriterien, zum Beispiel je nach Größe und Gewicht des Tieres. Aber wer sagt denn, dass wir solche Pläne und Kriterien nicht selbst bestimmen können? So wie heute die Tierversammlungsleitung gewählt wurde."

„Stimmt, da is' was ‚an'", sagt eine Katze.

„Nun ja", meldet sich Professor Scharf, der dicke, viel zu stolze Hahn. „Sollen wir uns echt diese Mühe machen? Es reicht doch, wenn wir uns weigern zu arbeiten, bis die Bosse unsere Forderungen erfüllt haben."

Insgeheim graut ihm davor, dass die Tiere über alles abstimmen. Als Professor hat er nämlich Vorzüge, die er behalten will – aber das verrät er lieber nicht.

„Ich bin nicht der Meinung, dass das reicht!", erklärt Graubert aufgebracht. „Damit würden wir zulassen, dass die Bosse weiterhin alles bestimmen können, ohne dass wir gefragt werden. Ich glaube, jeder hat genug Erfahrungen damit gemacht."

Und Pacco ergänzt: „Wir sollten die Leinen nicht nur einmal durchbeißen, sondern endgültig! Ich will nie wieder Maulkorb!"

Ein Tierlautgewirr erklingt auf der Tierversammlung. Jeder diskutiert mit seinem Nachbarn.

Nach einigen Minuten rufen immer mehr Tiere: „Pacco hat recht, so sehen wir das auch!"

„Ich möchte etwas sagen", meldet sich ein Esel. „Hallo, ich bin der Markus. Tier ist ja so aufgewachsen, über die Jahrzehnte: tier braucht die Bosse und den Senat zum Überleben. Alleine würden wir verhungern. Und wer was anderes behauptet, wie es die Musikanten tun, dass wir auf unsere eigene Kraft vertrauen könnten – der wolle nur, dass wir verhungern. Und dann merkt tier, auch ich, dass das eigene Denken und Handeln davon verseucht ist. Dass das so aber gar nicht stimmt. Dieses Antimusikantentum zu überwinden, das fällt mir verdammt schwer, um ehrlich zu sein. Aber es ist der richtige Weg und wir sollten es genau so machen, wie es die Musikantenbande vorschlägt."

Nun äußert sich Trotzkopf aus der Tierversammlungsleitung: „Ich finde, wir sollten den Vorschlag von Professor Scharf abstimmen. Er hat gar nicht mal so unrecht ... Also, wer ist für den Vorschlag, dass wir den Bossen unsere Forderungen überbringen und so lange auf eine gewalttätige Meuterei verzichten, bis sie die Forderungen erfüllt haben?"

„Moment mal!", ruft Graubert.

„Stopp! So nicht!“, miaut auch Lydia. „So geht das aber nicht. Wenn überhaupt stimmen wir zwischen den beiden Vorschlägen ab. Die müssen dann aber auch richtig formuliert sein. Und darüber wird vorher diskutiert.“

„Genau“, ergänzt Graubert. „Ich will das kurz auseinanderklamüsern! Erster Vorschlag: Wir formulieren unsere Forderungen und übergeben sie den Bossen und warten ab, ob sie diese erfüllen. Danach gehen wir wieder an die Arbeit. Zweiter Vorschlag: Wir hoffen nicht auf die Einsicht der Bosse, sondern verjagen sie mitsamt dem Senat und ihren Helfern und bauen dann unsere eigene Tierwelt selbstbestimmt auf. Gibt es noch Wortmeldungen, bevor wir zur Abstimmung kommen?“

„Ja“, meldet sich Professor Scharf. „Ich möchte erneut darauf aufmerksam machen, dass der erste Vorschlag gänzlich auf Gewalt verzichtet. Wir sollten den Bossen zeigen, dass wir keine wilden Tiere sind. Natürlich müssen wir auch kämpfen für unsere Ziele. Streik ist die einzige Antwort, die sie verstehen!“

Dazu will Dieter, der Esel, etwas loswerden: „Die Bosse wollen uns Esel rauswerfen. Ihnen ist völlig egal, ob wir deswegen verhungern! Also ist mir auch piepegal, was sie über mich denken! Ob sie mich ‚wildes Tier‘ nennen. Die ganze Herde muss versorgt werden, nicht nur ein paar.“

„Uns soll es besser gehen, ohne die Bosse zu verjagen? Dascha, als würde tier bei runterem Roloon und aussem Licht appe Knöbbe annähen“, empört sich Wilhelmina und schüttelt ihren Eselskopf.

„Wenn ihr mitbekommen hättet, wie sie uns Hunde Leinen und Maulkörbe anlegen und uns dazu noch in die Hinterbeine beißen, dann würdet ihr wissen, dass man auf solche Bosse echt nicht zu hoffen braucht!“ erklärt Paulina, die Hündin, empört. „Nur streiken, das reicht nicht! Es war ein wichtiger Beginn unseres Kampfes, aber eben nur der Beginn. Wir sollten die Fabriken übernehmen und die Futterverteilung selbst organisieren!“

Gerade will Lydia etwas sagen, als plötzlich eine Bienenkönigin vor ihr auftaucht und mit größtmöglicher Überzeugungskraft lautstark summt: „Mein ganzes Volk ist vom Aussterben bedroht! Verdammt noch mal, stecht sie endlich in die Flucht!!“

In der Tierversammlung ist es merkwürdig ruhig. Die Tiere sind am Nachdenken. Heute ist sehr viel passiert und jetzt stehen sie vor einer schwierigen Entscheidung, von der sie bis heute Morgen noch nichts geahnt haben, die aber nun ihr weiteres Leben bestimmen wird. Unseren vier Freunden ist das klar und sie wollen die Situation abwarten. Aber Trotzkopf hat dafür kein Verständnis, er drängt zur Eile.

„Wer ist dafür, dass wir den Bossen unsere Forderungen überbringen und auf Gewalt verzichten?“

Professor Scharf streckt seine beiden Flügel hoch. Ein paar Tiere, die um ihn herum stehen, heben ebenfalls ihre Pfoten.

„Das sind nicht gerade viele“, erklärt Pacco, was sowieso jeder sehen kann. „Kommen wir zum Gegenvorschlag: Wer ist

dafür, dass wir die Bosse mitsamt Senat und ihrer Helfer verjagen und uns unsere eigene Tierwelt aufbauen?“

Ein paar Flügel und Pfoten strecken sich in die Höhe, auch Eselshufe oder aufgerichtete Eselsohren sind zu sehen. Erst zögerlich, aber dann werden es immer mehr und mehr – bis es so aussieht, als ob alle dafür sind ... Naja, fast alle.

„Schiebung!“, ruft Trotzkopf. „Das ging doch alles viel zu schnell! Wir müssen die Wahl wiederholen, denn sie wurde manipuliert!“

„Jetzt reicht es aber! Halt den Rand oder hol‘ dir ‘ne Backs ab!“, faucht Lydia ihn an. „Du konntest es doch selber nicht abwarten. Wem stehste eigentlich bei? Eindeutiger könnte das Ergebnis doch gar nicht sein!“

Trotzkopf hat den Kopf eingezogen. Wenn Lydia faucht und nicht die liebe Tierpflegerin ist, möchte tier sich lieber nicht mit ihr anlegen. Als sie sich von Trotzkopf abwendet und wieder der Tierversammlung zu, sieht sie, dass noch mehr Tiere den Kopf eingezogen haben.

„Was habt ihr denn? Ich hab doch nicht mit euch geschimpft“, schnurrt sie belustigt.

Da müssen auch die Tiere lachen. In guter Stimmung setzen sie die Tierversammlung fort und schmieden ihren Plan, um ihr gemeinsames Ziel zu erreichen. Wir werden es erleben ...

KAPITEL 15

Aufstand und ein echter Trotzkopf

Das Bremer Rathaus steht im Stadtzentrum, in einem Gebiet zwischen der Weser und den Wallanlagen. Drei Fahnen hat es gehisst: Den Bremer Schlüssel; er ist notwendig, damit sich das Tor zur Welt überhaupt öffnen lässt. Die Bremer Speckflagge, die an gestreiften und gewürfelten Speck erinnert. Und – für viele Bremer die wichtigste von allen – die grün-weiße Werder Fahne vom Bremer Fußballclub!

Hierin haben sich alle Bosse geflüchtet – nicht nur die Bosse der Esel, Hunde, Katzen und Hühner, sondern auch vieler anderer Tiere wie der Füchse, Pferde, Vögel, Ratten, Schlangen, Waschbären, Spinnen, Biber und einigen anderen. Nicht dabei sind die Bienenköniginnen und Ameisenköniginnen. Sie begrüßen die Tierversammlung und deren Plan, denn ihr Volk ist durch die Bosse und deren Ausbeutung vom Aussterben bedroht. Wenn sie dann in Zukunft nicht mehr Königinnen sind, sondern frei gewählt wird, würden sie gerne einfach nur für ihr Volk – aber ihr lebendiges Volk – arbeiten.

Aber jetzt hier im Rathaus sind die Bosse, die andere Tiere ausbeuten und unterdrücken wollen. Das soll, wenn es nach ihnen geht, auch so bleiben! Sie liegen auf Stapeln weicher Decken und bedienen sich an den riesigen Futterbergen, die eiligst von ihren Helfern aufgetürmt werden. Solche Futterberge sind üblich für die Bosse und den Senat, und auch, dass immer ein großer Teil verschimmelt und weggeschmissen wird, obwohl der Rest der Tiere das Futter noch gut gebrauchen könnte – mehr als gut, schließlich hungern schon einige.

„Wir erwarten, dass ihr die Tiere niederprügelt!“, kläfft der Boss der Hunde gerade die Senatstiere an.

„Wie Tierroristen haben sie sich zusammengerottet und mit brutaler Gewalt verhindert, dass der Tierschutz vom Stahlwerk sie verfolgen konnte! Scheiße!“, empört sich der Boss der Stahlkocher, der sich damals auf der Betriebsversammlung schon die komplette Werksschließung fest vorgenommen hatte, aber bis dahin noch so viel Stahl wie möglich aus den Eseln herausholen wollte.

Den Bossen gegenüber sitzen die Tiere vom Senat, die zwar eifrig nicken, jedoch auch etwas ratlos und eingeschüchtert aus ihrem Fell gucken. Eins davon sieht dem gemeinen Biestlein aus der Geschichte, die uns Pacco vorgestellt hatte, verblüffend ähnlich.

Einer der Bosse geht zum Fenster und schaut nach draußen auf den Rathausplatz. Ganz erschrocken dreht er sich zu den anderen um.

„Oh, Hahn Winterkorn, was ist los? Sie sehen aus, als hätten sie ein Gespenst gesehen! Das Gespenst von Kalle Max?“, wird er hämisch gefragt. Doch anstatt zu antworten, nickt er nur. Er ist kreidebleich und muss sich erst mal hinsetzen. Wäre Sand da, er würde seinen Kopf wohl hineinstecken.

Die anderen Bosse und Senatstiere gehen an die großen Fenster und schauen auch runter auf den Rathausplatz, wo sich gerade unsere Tiere versammeln. Aber sie laufen nicht etwa wild durcheinander! Es ist ein beeindruckendes Schauspiel, das den Räubern aus Bossen und Senat das Blut in den Adern gefrieren lässt.

Eigentlich sind es nur die Esel, die auf den großen Platz laufen. Jeder Esel trägt einen Hund auf dem Rücken. Bei jedem Hund steht eine Katze auf dem Rücken. Und wiederum auf jedem Rücken der Katzen sitzt jeweils ein Huhn. Wir haben hier nicht nur einmal Bremer Stadtmusikanten, sondern Tausende – vereint in einer festen Bande. Und als sie sehen, wie sie von Bossen und Senat beobachtet werden, singen sie gemeinsam ihr Lied zur Selbstbefreiung:

Bündnis-Lied

Einzeln und klein
Machen sie dich ein.
Stark im Rudel, ist kein Einheitsbrei.
Nur organisiert sind wir frei!

Stark im Rudel, ist kein Einheitsbrei.
Nur organisiert sind wir frei!
Nie mehr den Kopf im Sande.
Auf zur Musikantenbande!

Mumm in den Knochen
und Grips unterm Haar.
Wir kämpfen vereint
den Zukunftsplan wahr!

Während die Tiere für ihr Leben singen, verwandeln sich die Schnauzen der Bosse und vom Senat in richtige Teufelsfratzen, aus denen die blanke Panik spricht! Fluchtartig verlassen sie das Rathaus. Dabei trampeln sie übereinander weg, weil jeder nur daran denkt, sein eigenes Fell zu retten. Die Tiere auf dem Rathausplatz jubeln und lachen. Das war ja einfach!

„Wie die sich ans eigene Bein geschissen haben", lacht Dogan. „Und vor denen hatte ich mal Angst!"

Alle feiern noch ein bisschen und singen ihre Lieder. Doch es ist schon Abend geworden und es war ein wirklich erlebnisreicher und aufregender Tag. Die Tiere sind müde und hungrig. Manche würden sich am liebsten für einen ganzen Winterschlaf zusammenrollen. Das geht natürlich nicht, aber wenigstens für die Nacht wollen sie es sich jetzt gemeinsam gemütlich machen. Dazu wählen sie das frisch eroberte Rathaus, das aber alle jetzt das Räuberhaus nennen. Aber ob dort für jedes Tier genug Platz und Futter ist? Und ob! Es ist mehr als genug für alle da! Jedes Tier findet einen kuscheligen Platz auf einer der Decken, die sie gemeinschaftlich verteilen. An den Unmengen an Futterbergen kann sich jedes Tier satt essen und es bleibt immer noch sehr viel übrig.

„Was wollen die paar Tiere nur mit so viel Futter? Die haben's echt dicke", staunt Rudi, der Hund. „Das verdirbt doch, wenn es nicht aufgegessen wird!"

„Und dafür haben sie in den Fabriken schuften lassen! Um riesige Futterberge anzuhäufen, von denen der größte Teil immer wieder weggeschmissen wird. Und für uns bleibt nur Plörkram", schlussfolgert Malique, das Huhn. „Das ist Irrsinn, aber wahr – und nicht ihre Märchengeschichte vom Wohlstand für alle Tiere!“

„Und ohne diesen Wahnsinn müsste kein Tier mehr hungern!“, empört sich Dieter, der Esel. Neben ihm steht die Eselin Wilhelmina mit den beiden Fohlen. „Wenn das alles nur uns gehören würde ...“

„Ähm, Dieter“, bemerkt Graubert, „all das gehört jetzt uns und wird auch in Zukunft uns gehören. Wir haben die Bosse doch verjagt!“

„Oh! Na, dann ist ja alles gut“, erwidert Dieter leicht verwirrt.

Glücklich über ihren Sieg kuscheln sich die Tiere zusammen und zwar wild durcheinander, so als ob sie sich schon ewig kennen würden. So sehr haben sie die heutigen Erlebnisse zusammengeschweißt.

Doch das gilt nicht für alle: Hinter einem der übrig gebliebenen Futter- und Deckenberge tuscheln das Huhn Trotzkopf und der Hahn Professor Scharf miteinander. Offensichtlich soll niemand hören, was sie miteinander bekungeln, doch sie haben die kleine Feldmaus Shelley übersehen, die, als sie genug gehört hat, zu Sammy flitzt.

„Sammy, Sammy“, flüstert Shelley neben ihm.

„Nicht drängeln, die Rakete ist gleich fertig“, murmelt Sammy dösend aus dem Halbschlaf.

„Au!“ Jetzt hat ihn Shelley in den Flügel gebissen. „Was ist?“

„Trotzkopf ist trotzig! Er will mit Professor Scharf zu den Bossen und ihnen verraten, dass ihr hier schlaft!“, erklärt Shelley aufgeregt. Sofort ist Sammy hellwach und gibt Lydia, Pacco und Graubert Bescheid.

„Shelley, geh zurück zu Trotzkopf und Professor Scharf und sag uns Bescheid, sobald sie weg sind“, sagt Sammy noch.

Dann steckt er den Kopf mit seinen drei Freunden zusammen.

„Trotzkopf ist immer gegenan. Bestimmt kommen die Räuber dann zurück und versuchen, ihr Räuberhaus zurückzuerobern“, vermutet Pacco, denn so war es ja auch bei den Bremer Stadtmusikanten.

„Aber dieses Mal werden wir uns Verbündete suchen, denn auch ein feuerspuckender Drache kann nur überlistet werden, solange er alleine ist“, ist Lydias Idee.

„Ich kann es gar nicht verknusen“, sagt Sammy, plötzlich ganz traurig. „Sie sind doch auch Hühner. Können sie wirklich so hintertükisch sein?“

Da leckt Pacco ihm freundschaftlich mit der Zunge über den Schnabel, um ihn zu trösten.

„Danke, lieber Freund“, bedankt sich Sammy. „Und jetzt brauchen wir mal wieder einen Plan …“

„Der Drache hätte doch die Tauben um Hilfe bitten sollen“, erinnert sich Graubert. „Vielleicht können wir das auch tun. Sie könnten als Brieftauben losfliegen, bis in die Wälder in Bremen und Umzu und die Tiere dort um Verstärkung bitten …“

KAPITEL 16

Fell und Federn lassen – wer wird siegen?

Als Shelley wieder angebrackert kommt und die Nachricht überbringt, dass Trotzkopf und Professor Scharf sich verdrückt haben, beginnen die vier Gründer der Bremer Musikantenbande, die anderen Tiere einzeln und nacheinander aufzuwecken.

„Muss ich denn schon aufstehen?“, fragt Emira, noch ganz duselig.

„Nein, bleib liegen“, erklärt Pacco seiner Kollegin. „Aber sei wachsam, denn Trotzkopf und Professor Scharf sind zu den Bossen abgehauen und wir müssen auf einen Gegenangriff eingestellt sein. Sag es weiter, aber leise und bleib liegen. Sammy wird das Signal geben, wenn es soweit ist."

„Okay, alles klar", erwidert Emira ruhig, aber wachsam.

Im Räuberhaus und auch auf dem Rathausplatz ist es immer noch ruhig. Die Zeit vergeht in aller Stille. Es könnte eine friedliche Nacht bleiben. Doch es ist noch nicht einmal Mitternacht, da schleichen sich schon leise die Bosse, der Senat und ihre aggressiv dressierten Helfer an. Es sind Tausende. Nicht nur die wenigen, die sich ihnen aus der Fabrik angeschlossen hatten, sondern auch ihre extra gezüchteten Schläger und Beißer. Es sind Herden aus in Zwingern großgezogene Hunde, Affen, Wölfe, Bären und andere, die noch nie in Freiheit waren, sondern völlig abhängig gemacht worden sind. Sie glauben, unentdeckt zu sein, als sie auf den Platz in Richtung altes Rathaus marschieren.

„Kikeriki!", gibt Sammy das Kampfsignal.

Die Tiere im Räuberhaus springen auf und rennen mit wütendem Lärm auf die überraschten Angreifer zu und springen ihnen auf den Rücken oder werfen sie gleich ganz um. Doch auf eins hatten sich unsere lieben Tiere nicht eingestellt: Auf die Brutalität der Beißer und Schläger, denn diese haben den eindeutigen Befehl zum Töten bekommen!

Martin, einer der Hunde aus der Autofabrik, liegt bereits am Boden mit durchgebissener Kehle und zerfetztem Fell. Seine Hundezunge liegt regungslos im Dreck. Paulina jault neben ihm laut auf – aus Trauer, Hass und um die anderen zu warnen: In diesem Kampf geht es um Leben und Tod! Um töten oder selbst getötet zu werden! Das wird den Kämpfenden schlagartig klar. Und es sind die Bosse, die das veranlasst haben, aus gemeiner Rache!

Hier kämpft Dieter, schlägt mit seinen Eselshufen auf den Kopf eines Bären ein, der ihm schon mit seiner Tatze den Bauch aufgerissen hat. Ein Teil seines Darms hängt heraus, als Dieter es dann doch noch gelingt, dem Bären endlich den Kopf einzuschlagen. Und dann bleibt Dieter schwer verletzt am Boden liegen.

Dort wird die wunderschöne Siamkatze Mirella von einem Wolf in die Kehle gebissen und wild herumgeschleudert, bis sie tot und schlaff in seinem Maul hängt. Suna stürzt sich dafür auf den Wolf und bekommt Hilfe von Chrissi, dem Huhn, und beiden gelingt es, dass der Wolf winselnd flüchtet, aber sie haben ihn noch nicht besiegt.

Unsere Tiere kämpfen entschlossen und mutig, aber sie sind längst nicht so brutal wie ihre Angreifer, und sie sind auch längst nicht so viele. Es sieht schlecht aus ...

„Gurru, gurruuuh“, gurren die zurückkommenden Tauben. Wie von weit her nimmt Graubert ihr Rufen wahr. Dann hält er inne, hebt den Kopf und blickt über die um ihn herum kämpfenden Tiere hinweg.

„Hilfe ist da!“, ruft er.

Und wirklich: Hilfe ist da! Von allen Seiten stürmen weitere Tiere auf die Angreifer. Wirklich von allen Seiten!

Riesige Adler stürzen auf die aggressiv gezüchteten Bären und stechen ihnen mit ihren scharfen Schnäbeln die Augen aus. Ein ganzer Wespenschwarm stürzt sich nacheinander auf die Affen und sticht von allen Seiten zu. Feuerrote Ameisen krabbeln den Wölfen an den Pfoten hoch, verteilen sich im ganzen Fell und beißen schmerzhaft zu. Maulwürfe helfen, indem sie von unten angreifen und den Beißern gezielt trickreiche Stolperfallen stellen, sodass unsere Freunde leichteres Spiel mit ihnen haben.

Mitten auf dem Platz trifft Sammy plötzlich auf seinen ehemaligen Freund Trotzkopf. Die beiden starren sich an und plustern zur Kampfstellung ihre Federn auf. Gleichzeitig stürzen sie sich aufeinander und bilden ein krächzendes, flatterndes Federknäuel. Gegenseitig hacken sie sich den Schnabel in die Hühnerhaut, wo tiefe blutende Wunden zurückbleiben. Doch Sammy ist so wütend auf den Verräter, dass es ihm schließlich gelingt, Trotzkopf den oberen Teil seines Schnabel abzureißen und ein Auge auszustechen.

„Das ist für deinen hinterhältigen Verrat, du mieser fieser Trotzki!“, kräht Sammy.

Während Trotzkopf aus allen Wunden blutet, versucht er noch zu fliehen, fällt dann aber um und bleibt schließlich regungslos liegen. Keuchend schaut Sammy ihm nach.

Um ihn herum ist es in der Schlacht ruhiger geworden. Es gibt nur noch wenige Angreifer, die jetzt in der Unterzahl sind. Ein paar Bosse werden – noch lebendig – von Schlangen im Würgegriff gehalten, damit sie weder jemanden angreifen, noch ausbüxen können.

Schließlich ruft ein Senatstier – es ist das, was so aussieht wie das gemeine Biestlein: „Hört auf zu kämpfen, wir kapitulieren! Wir geben's auf!"

Nach und nach hören die Kampfhandlungen auf. Überall liegen tote oder schwerverletzte Tiere auf dem Platz. Die verbliebenen Bosse und ihre Helfershelfer werden in Zwinger gesperrt; erst mal ohne Futter oder Versorgung ihrer Wunden. Daran sind sie selbst schuld, denn wegen ihrem brutalen Angriff müssen sich die Tiere zunächst selber helfen. Was sie auf dem großen Rathausplatz natürlich gemeinsam und solidarisch tun.

Wer von den leichter verletzten Tieren noch Kraft hat, hilft den Schwerverletzten. Auch Dieter gehört dazu, er lebt noch. Für sie werden Decken und Futter, von dem es immer noch reichlich gibt, aus dem Räuberhaus geholt und an alle verteilt.

Die verstorbenen Tiere werden ordentlich nebeneinander in die Mitte des Platzes gelegt. Für sie wird es später ein großes Gedenken geben und jedes einzelne Tier wird liebevoll von seinen Liebsten beerdigt werden. Die toten Angreifer allerdings werden achtlos am Rand aufgehäuft. Für sie gibt es später nur ein anonymes Massengrab. Das schließt auch Trotzkopf und Professor Scharf mit ein, weil sie sich in der entscheidenden Schlacht mit den Bossen verbündet und die Arbeitstiere verraten haben.

Als das Schlimmste erst mal erledigt ist, beginnen erste Sonnenstrahlen das Dunkel der Nacht zu durchbrechen und einen neuen Tag anzukündigen.

Als Lydia sich umdreht, nachdem sie gerade ein verletztes Tier fürsorglich zugedeckt hat, steht plötzlich Annegret, die Bibliothekseule, vor ihr.

„Das war ja eine nette Idee. Aber wenn du dir solche Bücher zusammen mit einem Esel bei mir ausleihst, da musst du schon früher aufstehen, um mich olle Eule zu verdummfiedeln. Und leicht ablenken lässt du dich auch. Aber das macht nichts. Ich habe mir gleich gedacht, dass mein altes „Manifest der Musikantenbande" bei euch bestens aufgehoben ist!"

Und dann macht Annegret auch schon damit weiter, die verletzten Tiere zu füttern.

„So viel zur gut aufgetischten Lüge", denkt sich Lydia.

KAPITEL 17

Der Aufbau unserer eigenen Tierwelt

Als die Sonne aufgeht, suchen unsere vier Freunde die Nähe zueinander. Sie spüren, dass es noch lange nicht das Ende dieser Tiergeschichte und ihres Plans ist, den sie vor einer gefühlten Ewigkeit überlegt hatten, um die Welt zu verändern. Es ist eher so etwas wie eine Zwischenauswertung, die unser starker Esel Graubert, unser flinker Hund Pacco, die fürsorgliche Lydia und das schlaue Huhn Sammy jetzt gemeinsam ziehen wollen.

Nebeneinander sitzen sie auf der roten Backsteinmauer, von der Lydia damals auf Grauberts Rücken gesprungen war und dem vermeintlichen Monsterhund Pacco direkt in die Augen sah. Ein neuer Tag bricht an und gemeinsam genießen sie den Blick in den wunderschönen Sonnenaufgang. So bricht auch eine neue Zeit an ohne Bosse, Senat und andere Räuber an der Macht. Leider hat der Kampf dafür auch vielen ihrer Freunde das Leben gekostet, noch mehr sind schwer verletzt. So mischt sich in die Aufbruchstimmung auch ein Gefühl der Traurigkeit. Unsere vier Freunde überlegen, wie es jetzt werden kann.

Graubert spricht als erster seine Gedanken laut aus: „Auf jeden Fall werden wir weiter den Stahl kochen, weil er für viele Dinge gebraucht wird. Wir nehmen aber in Zukunft nicht nur neues Erz, sondern auch alten Stahl. Der ist ja kein Müll, sondern kann immer wieder neu geformt werden. Und natürlich werden wir alle Umwelt- und Gesundheitsschutzmaßnahmen einführen und verbessern. Wir müssen den Schaden, den die Bosse in der Natur hinterlassen haben, wieder gut machen. Und nie wieder darf es so schreckliche Unfälle geben, wie von Hans, dem die glühende Stahlbrühe bei lebendigem Leib zuerst die Beine stahl, dann langsam den Rest ... Wir sollten auch überlegen, ob wir nicht die Arbeitszeit verkürzen. Damit die Tiere mehr Zeit mit ihren Rudeln und Herden verbringen können."

„Ich glaube, Graubi, ich habe dich noch nie so viel am Stück sagen hören", wundert sich Sammy. „Aber du hast Recht!"

„Finde ich auch", meint Pacco. „Die Zeit des Lebens ist viel zu kostbar. Darum sollten wir auch in der Autofabrik die Arbeitszeit verkürzen. Aber es wird sich noch eine ganze Menge mehr ändern müssen. Nicht nur, dass alle Leinen und

Maulkörbe wegkommen – die braucht wirklich niemand und es darf auch wieder fröhlich gejault und gebellt werden bei der Arbeit. Doch ich glaube, dass alle Proletiere in Zukunft mitentscheiden müssen, was und wie und wieviel überhaupt produziert werden soll und was damit geschieht. Wir produzieren jetzt für uns und nicht mehr für die Bosse. Wir können dafür sorgen, dass es allen gut geht. Dass mehr für jeden einzelnen da ist. Aber vor allem mehr für uns alle zusammen. Ja, das liegt mir so richtig am Herzen! Dafür werde ich immer weiter kämpfen. Jeden Tag!"

„Du bist großartig, Pacco!", erklärt Lydia voller Mitgefühl. „Ich bin stolz auf dich und hab dich sehr lieb. Dank deiner Einstellung weiß ich, dass wir es schaffen werden! Ihr denkt einfach so gar nicht nur an euch selbst."

„Danke, Lydia", bedankt sich Pacco ganz verlegen.

„In der Tierklinik haben wir auch erst mal sehr viel zu tun", fährt Lydia fort. „Es gab schon vor dem Kampf viel zu viele kranke Tiere und jetzt kommen auch noch die Verletzten hinzu. Aber ich bin optimistisch, dass diese schwere Zeit auch bald hinter uns liegen wird. Und wenn wir dann etwas weniger Patienten haben, werden wir schnellstens zu Fürsorge und Vorsorge übergehen. Wir werden allen Tieren beibringen, wie sie sich selbst bzw. gegenseitig vor Krankheiten schützen können. Wie sie ihren Stall richtig und einfach sauber halten, wie sie verdorbenes oder giftiges Futter erkennen, wie sich Viren und Bakterien weniger ausbreiten, wie sie sich am besten und wirksam entspannen können. Ich möchte jedem Tier

eine bessere Lebensqualität ermöglichen, weil sie es einfach verdient haben."

„Das klingt toll, Lydia", freut sich Graubert. „Ich werde dich höchst persönlich abholen, auf meinem Rücken von der Klinik bis zu uns in den Stahlkocher tragen und dafür sorgen, dass dir alle zuhören und genau aufpassen, wenn du ihnen was beibringst. Wer das nicht macht, kriegt es mit mir zu tun!", droht Graubert scherzhaft und streckt die Brust raus.

„Na, dann kann ja nichts mehr schief gehen", sagt Lydia und lacht.

„Und was ist mit unserem lieben Sammy? Unser Huhn hat ja noch gar nichts dazu gesagt ...", erwähnt Pacco.

Das liegt daran, was Sammy am Grübeln ist. Ihm ist der Verrat von Trotzkopf durch und durch gegangen und das muss er noch verarbeiten. Dieser Schock über die Wahrheit eines vermeintlichen Freundes hat mehr Schaden in Sammys Innerem angerichtet, als es der offene Tierkampf, jede noch so blutige Schlacht, hätte anrichten können. Jetzt sitzt es ziemlich bedröppelt neben den anderen.

„Ich möchte eine neue UNI aufmachen", platzt es unvermittelt aus Sammy heraus. „Alle Jungtiere und auch alle anderen Tiere, die noch was lernen möchten, werden aber anders unterrichtet als früher. Niemand soll nur etwas auswendig lernen und es für Prüfungen praktisch wieder auskotzen müssen. Keiner soll mehr auf Märchen reinfallen. In dieser UNI werden alle lernen, wie tier selbstständig die Wahrheit herausfindet und Freund von Feind unterscheidet ..."

Bei diesen Worten tauschen Lydia, Pacco und Graubert verstehende Blicke untereinander aus.

„... Jedes Tier wird lernen, zu unterscheiden, was richtig ist für die Wünsche aller Tiere und danach zu handeln. Wir werden zu euch in die Fabriken und Kliniken gehen und, statt nur auswendig lernen, den Tieren vermitteln, wie die Tierwelt wirklich funktioniert. Es werden neue Ideen entwickelt, wie es für uns alle besser wird, und keiner wird nur an sich und den eigenen vollgeschlagenen Bauch denken. Das wird ganz schön schwierig werden, was ich mir da mal ebenso ausdenke. Aber darunter wird es nicht gehen. Und wenn alle Tiere mitmachen, dann kriegen wir auch das hin!"

„Was kriegen wir hin? Ich will auch helfen!", maunzt eine leise Stimme hinter ihnen.

Die kleine Katze Clara, noch ein Jungtier, schaut mit großen, dunklen Augen zu unseren vier Freunden auf. Sie sitzt hinter bzw. unter ihnen an der Mauer.

„Komm, ich helf dir hoch", und Graubert hievt Clara mit seiner Pfote auf die Mauer und setzt sie neben sich und Pacco.

„Wir sprechen gerade über die Zukunft und wie wir uns die neue Tierwelt vorstellen. Das geht nur gemeinsam, wenn die Tiere mithelfen, sich einig werden, fleißig lernen und mitarbeiten."

„Toll!", ruft Clara. „In Zukunft, wenn ich mal groß bin, dann will ich Esel werden!"

Graubert lacht überrascht.

„Clara, es tut mir sehr leid“, erklärt Lydia, „du bist schon eine Katze und kannst nicht mehr ein Esel werden.“

„Oh“, sagt Clara nur und guckt traurig nach unten.

„Warum willst du denn ausgerechnet Esel werden?“, fragt Sammy.

„Na, weil ich auch Stahl kochen will!“

Da müssen unsere vier Freunde herzlich lachen.

„Das wird kein Problem sein, liebe Clara“, spricht Graubert ganz väterlich zu ihr. „Ein bisschen musst du noch wachsen und in der Schule immer gut aufpassen und ganz viel lernen. Und dann kommst du zu mir in die Fabrik, wo ich dich zur kleinsten Stahlkocherin der Welt ausbilden werde. Die Tierwelt wird Augen machen! Abgemacht?“

„Abgemacht“, sagt Clara mit erhobenem Kopf. Und dann knuddelt sie Graubert.

Nun blicken alle fünf erwartungsvoll in den Sonnenaufgang und genießen das stille Beisammensein.

Und so ist es Zeit, sich zu verabschieden.

Auf Wiedersehen!

Bis zum nächsten Mal!

NACHWORT

Toi, toi, toi!

Zweihundert Jahre nach dem Erscheinen der Bremer Stadtmusikanten wurde es Zeit, dieses Märchen in einer neuen Fassung zu erzählen. Jetzt hat das Märchen passende Lieder und eine klare Zukunftsvision bekommen. Sie können vielleicht bei Fragen und Problemen der heutigen Zeit zum Nachdenken und Handeln anregen.

Als ich die Geschichte anfing zu schreiben, drängte sie regelrecht aus mir heraus. Ich habe sie nicht geplant oder überlegt, für wen ich sie schreibe. Das bin ich immer wieder gefragt worden und ich kenne die Antwort nicht. Wem sie gefällt, würde ich sagen.

Vom Verlauf der Geschichte war ich zum Teil selber überrascht, vor allem was manche Kleinigkeiten angeht. Keine Ahnung wie es die kleine Feldmaus Shelley in die Geschichte geschafft hat oder woher sie gekommen ist. Oder warum ausgerechnet die Königinnen der Bienen und Ameisen so selbstlos sind.

Nur eins habe ich von Anfang an beabsichtigt. Ich wollte meine wichtigste Botschaft vermitteln: Immer freundschaftlich verbunden und in fester Bande organisiert – dann ist es möglich, eine gesellschaftliche Alternative zum Kapitalismus auch für uns Menschen zu erkämpfen.

Ich glaube, zur ersten Frage aus dem Vorwort muss ich noch was erklären. Warum die Bremer Stadtmusikanten zwar als solche anerkannt werden, obwohl sie nie in Bremen angekommen sein sollen?

Ich bin der Meinung, dass das so nicht stimmt. Die vier Tiere haben sich zusammengetan, um als Stadtmusikanten in Bremen aufzutreten. Auch wenn das Räuberhaus, ihr Wohnort, außerhalb von Bremen lag, so gehe ich davon aus, dass sie ihr Vorhaben wahr gemacht haben: Sie werden als Stadtmusikanten in Bremen gearbeitet haben. Daran gibt es nichts zu zweifeln.

Wenn wir heute zum Beispiel vom Kampf der Bremer Daimler Belegschaft im Jahr 1996 für die Lohnfortzahlung im Krankheitsfall sprechen, stellt das doch auch keiner in Frage. Es wird gesprochen von den Bremer Arbeitstieren ... ähm, sorry, von den Arbeitern und einfachen Angestellten Bremens. Und nicht von denen, die zwar alle in Bremen arbeiten, aber wohnen in Bremen und Umzu wie in Stuhr, Syke, Wehye, Brinkum, Ganderkesee, Gnarrenburg, Oyten, Verden, Langwedel,

Bruchhausen-Vilsen, Hude, Delmenhorst, Thedinghausen, Achim, Martfeld, Bassum usw. usf.

Sie leben lieber auf dem Lande als in der Stadt. Wer erholt sich denn nicht gerne im Grünen von der Hetze im Betrieb und der Hektik einer Stadt? Auch darin waren die Bremer Stadtmusikanten Pioniere.

„Buten un' binnen, wagen un' ,winnen!"

Ich möchte dieses Motto der alten Bremer Kaufleute neu interpretieren: International und national, uns trauen und gewinnen – gemeinsam und organisiert werden wir unser Ziel erreichen, uns eine neue, bessere Welt zu erkämpfen!

So hat diese Tiergeschichte mehr als die am Anfang gestellten Fragen beantwortet. Und sie hat neue gestellt, deren Antworten wir noch herausfinden müssen. Doch das sind andere Geschichten, die ein anderes Mal erzählt werden ...

Ich möchte mich noch bei meinen Testlesern, den hilfreichen Tippgebern und bei allen Freundinnen und Freunden für ihre Hilfe bedanken!

Schön, dass ihr da und bei mir seid!

Herzliche Grüße,
eure Maria Hunter-Marx

November 2020
Bremen

PRESSEMELDUNGEN DOKUMENTIERT

Weser Kurier, 17.10.2019

„Nachdem Arcelor-Mittal für die Bremer Hütte Kurzarbeit angekündigt hat, fordern verschiedene Politiker Finanzhilfen für die Stahlbranche von der EU und mehr Instrumente gegen den Billigstahl aus China. ( ) „Der importierte Stahl ist günstiger, da er ohne Rücksicht auf die Umwelt und das Klima produziert wird.“

Weser Kurier, 27.04.2019

„Ja gegen die Bebauung und Nein dafür
Volksentscheid zur Galopprennbahn verwirrt Bremer“

Rote Fahne News, 26.03.2020

„Änderungen beim Infektionsschutzgesetz haben einschneidende Auswirkungen

(...) Doch tatsächlich schränken die Notverordnungen gleich sieben im Grundgesetz verankerte demokratische Rechte und Freiheiten ein bzw. setzen sie außer Kraft. (...)“

„Friedrich Engels
Die Bremer Jahre

(...) Friedrich Engels lebte und wirkte vom **11. August 1838** *bis* **Ende März 1841** *in der* **Freien Hansestadt Bremen**. *In dieser Zeit und an diesem Ort begann seine wahrlich weltbewegende publizistische und politökonomische Karriere.“*

(www.bremen.de /tourismus/sehenswürdigkeiten/traditionen-originale-geschichten/friedrich-engels; Download am 25.12.2020; von dieser Internetseite stammen die Zitate auf S. 85/86)

Weser Kurier, 07.09.2014

„***Kugelblitz Ailton feiert Abschied***

Der Kugelblitz feiert Abschied vom Fußball. Vor 40.000 Zuschauern im Bremer Weserstadion ging Ailton ein letztes Mal auf Torejagd.“

WIE DIE BILDER ENTSTANDEN SIND...

Jedes einzelne Bild habe ich

- zunächst mit Bleistift vorgezeichnet; nur in diesem Stadium waren noch Korrekturen möglich;
- dann habe ich die Bilder mit Aquarellbuntstiften weiter aus- und angemalt; hier muss man schon ganz detailliert arbeiten, es ist wirklich eine Sisyphusarbeit und sie dauert stundenlang;
- genauso wie dann der letzte Schritt, alles noch mal mit Wasser zu bemalen, wozu ich meistens den kleinsten Pinsel benutzt habe, den ich hatte; hier kommt es noch mehr auf die Details an.
- Ich war jedes Mal freudig überrascht, wie viel Farbe aus den Stiften durch das Auftragen von Wasser herauskommt! Und obwohl ich doch von Anfang an so viel Wert auf jedes Detail gelegt habe, kommt am Ende immer ein unerwartetes tolles Bild heraus – so als hätte es ein Eigenleben und ich war nur das Werkzeug ... Probiert es doch einmal selbst aus!

WORTLISTE BREMISCH

S.	Bremisch	Erklärung
9	Moin!	Hallo!
9	mickrig	Klein, kümmerlich
10	überkandidelt	Übertrieben, hochnäsig
10	orntlich auf'n Pott setzen	ordentlich zurechtweisen
10	Da geht nichts drüber!	Nichts ist besser!
11	Bremen und Umzu	Bremen und seine Umgebung
12	Bremer Schnack schnacken	Gespräch sich unterhalten
16	ümmer wedder	immer wieder
16	Das kann er nicht ab.	Das mag er nicht. Das kann er nicht leiden.
16	Döskopp	Blödmann
19	jemandem eine verpuhlen	verbal oder mit der Faust...
19	verwansen	verprügeln
19	verhohnepiepeln	Sich über jemanden lustig machen
24	Peesen	schnell sein (rennen oder fahren)
24	gnaddelich sein	Mürrisch, verstimmt, schlecht gelaunt
25	Ich bün ab un' alle.	Ich bin körperlich völlig kaputt.
27	dummerhaftig	dumm
32	betüdelt	verwöhnt
36	maddelich	matt, kraftlos
36	Malör	Missgeschick

S.	Bremisch	Erklärung
43	gewahr werden	dahinter kommen, sich über etwas klar werden
49	Da nich' für!	Dafür brauchst du dich nicht zu bedanken.
49	miteins	plötzlich
49	geplättet	platt gemacht; sprachlos sein
50	paddelich	tollpatschig, ungeschickt
51	verhackstücken	etwas eingehend besprechen
55	quietschfideel	fröhlich, munter
55	beigehen	etwas in Angriff nehmen
56	losbuttjern	ziellos in der Gegend herumlaufen in der Hoffnung, etwas zu erleben
56	rumfuhrwerken	wild drauf los arbeiten
58	über einen s-pitzen S-tein s-tolpern	alte bremische Aussprache, fast ausgestorben
59	verdattert	erschrocken, verwirrt
60	Wat zum Dübel?!	Was zum Teufel?!
63	grient	verhalten lachen, leicht grinsen
94	Wem stehste bei?	Auf welcher Seite bist du?
97	Krakeel	Krach, Lärm, lautstarker Streit
100	schier Schanduddel	aus reinem Übermut, nur zum Spaß
104	anködeln wollen	sich anschleimen, beliebt machen wollen
104	Da mach' was an!	Dagegen kannst du nichts unternehmen.
107	Bammel	Angst
109	verhökern	etwas verkaufen

S.	Bremisch	Erklärung
109	Gedöns	Umstände machen
132	Da is' was an!	Da ist was dran.
135	auseinander klamüsern	eine verworrene Sache mühsam ordnen
137	Dascha, als würde tier bei runterem Roloon und aussem Licht appe Knöbbe annähen!	Das ist ja, als würde man bei herunter gelassenem Rollo im Dunkeln abgegangene Knöpfe annähen.
140	eine Backs abholen	eine Ohrfeige bekommen
147	gegenan sein	dagegen sein
147	verknusen	etwas verkraften, jemanden ertragen
147	hintertükisch	hinterhältig
149	angebrackert kommen	mit lautem Getöse angerannt kommen
152	ausbüxen	ausreißen, weglaufen
154	verdummfiedeln	jemanden für dumm verkaufen
163	Buten un‘ binnen – wagen un‘ winnen!	Draußen und drinnen – wagen und gewinnen!